Werner Kurze

K13
Gedichten, Gedanken und Geschichten

Werner Kurze

K13

Gedichten, Gedanken und Geschichten

Rediroma-Verlag

Bibliografische Information der Deutschen Nationalbibliothek:
Die Deutsche Nationalbibliothek verzeichnet diese Publikation in der Deutschen Nationalbibliografie; detaillierte bibliografische Daten sind im Internet über http://portal.dnb.de abrufbar.

ISBN 978-3-98885-482-7

www.rediroma-verlag.de
10,95 Euro (D)

Inhalt

Abschied

Alles Wichtige ist fertig;
nur Unwesentliches und Kleinkram bleiben übrig.
Das soll die Nachwelt nun entscheiden.
Dafür muss ich nicht mehr bleiben.
Ich geh und sage Wiedersehen
im Himmel oder der Erinnerung.
Ich verabschiede mich zur letzten Wanderung
in völlig neues, fremdes Gelände.
Der Tod nimmt mich in seine Hände.
Ich danke allen Begleitern meines Lebens
und hoffe, Gutes war nicht vergebens.

Abschied von der Mama-Maus

Mama-Maus und Papa-Maus hatten schon öfter mal darüber gesprochen, dass die Rübimaus anscheinend vorbeihoppelnde Jungen-Mäuse genauer ansah. Aber bisher hatte sie noch nie davon etwas daheim berichtet.

Auf jeden Fall kam eines Tages die Rübimaus eines Abends nicht nach Hause. Man war schon ein bisschen ängstlich, dass sie so plötzlich fehlte. Umso größer war die Überraschung, als eines Tages der Postbote der Mäuse einen Brief in den Briefkasten warf. Von wem der wohl war? Die Überraschung war groß: Er war von der Rübimaus. Sie hatte in der Mäuseschule immer gut gelernt und konnte deshalb auch gut schreiben. Und so sah der Brief aus:

Absender:
Rübimaus
Am Steinberg ganz vorn
in Steinstadt

Bitte wenden!

Mama und Papa-Maus
Am Rübenfeld
gleich ganz vorn am Waldrand

Und da stand auf der Rückseite:
Liebe Mama, ich habe einen netten, hübschen jungen Mäuserich kennengelernt und der bringt sich bald für mich um. Heute hat er lauter Nüsse angebracht.
Das Bild von sich hat er selbst gemalt.
Neulich haben wir den ganzen Tag zusammen gebastelt und geschmuselt. Das war sehr schön. Ich bleibe bei ihm.

Und wenn ich Fragen habe, komme ich euch besuchen. Vielen Dank, dass ihr immer gut zu mir wart.
Deine Rübimaus

Na, das war ja eine schöne Überraschung! Aber nach dem Lesen schrieb die Mama-Maus der Tochter auch einen Brief und jetzt war die Rübimaus vom Inhalt ganz überrascht. Mama war wieder schwanger und erwartete lauter neue Kinder. Na, das war ja ein Ding! Aber die Neuheiten wollten gar kein Ende nehmen. Die Rübimaus schrieb ihnen auch wieder einen Brief. Sie glaubte nämlich, dass sie auch schon die ersten Kinder kriegen würde, weil es in ihrem Bauch ein bisschen drückte. Und so war es auch: Mama-Maus und Rübimaus bekamen lauter neue, ganz niedliche Mäuschen als Kinder. Weil sie damit nun ganz viel Arbeit hatten, blieb keine Zeit mehr, neue Geschichten zu schreiben. Und damit hören die Rübimaus-Geschichten einfach auf. Schade.

Alterserkenntnisse

Grundsätzlich lebe ich gern, weil mich unglaublich vieles im Leben interessiert. Aber ich stelle fest, dass man manche lang erworbene Menschenkenntnis im Alter zunehmend neu bewertet und verändert sieht.

Ich frage mal bei der eigenen Gesundheit an. Im Alter sind wir alle mehr oder weniger krank und haben aus verschiedenen Gründen Schmerzen. Das ist sehr unangenehm, und der Schmerz wird von Ärzten mal mehr und mal weniger gut mit Tabletten bekämpft. Mir hat oft geholfen, dass ich ein wahrscheinlich erreichbares, besseres Leben wieder erreichen kann. Also lohnt es sich, Schmerzzeiten durchzubeißen, weil ein besserer Zustand erwartet wird. Aber das Bild des gestärkten, schmerzfreien alten Menschen, der schmerzlos im Garten Zeitung liest, muss ich schweren Herzens als Illusion streichen.

Ein anderer Punkt macht mir Sorgen für die gesamte Menschheit: Noch immer wächst die Anzahl der Menschen auf unserer Erde. So kann es nicht weitergehen. Immer mehr Menschen verhungern, immer mehr Menschen suchen eine Wohnung und ein grünes Eck zum Ausruhen. Da steuert die Welt auf einen Konkurrenzkampf mit allen Mitteln zu.

Und dann haben wir Krieg. Er findet zwar in anderer Form als der letzte Weltkrieg statt, aber mittlerweile sind schon in irgendeiner Weise alle Länder mit ihm verstrickt. Warum gelingt es der Welt nicht, den Kriegstreiber Putin festzunehmen? Ein internationaler Haftbefehl reicht offenbar nicht aus. Wie blöd sind wir eigentlich, dass wir solche Menschen nicht ins Gefängnis bringen können? Hunderttausende Tote reichen offenbar nicht. Was könnten wir alles für die Umweltpflege tun, wenn die Industrie anstelle von Waffen etwas Vernünftiges herstellen könnte?

Die Wärmepumpe ist für mich als Akademiker ein wunderbares Zeichen, dass das uralte, lange bekannte Prinzip aus

Verdampfung und Kondensation einfach Energie gewinnen lässt. Ich bin sicher, dass die Naturwissenschaft uns noch weitere Lösungen für die großen Probleme der Zukunft bescheren wird. Warmes Meerwasser nutzt anscheinend noch keiner zur Stromgewinnung.

Und unsere Staats- und Finanzsysteme müssen sich auch ändern. Was soll der Unfug, dass unsere Staaten es zulassen, dass reiche Millionäre immer reicher werden? Doch auch sie können kein Geld mit ins Grab nehmen. Und um die Ecke verhungern Millionen Menschen, weil sie nichts zum Essen haben.

Und noch ein letztes Wort gönne ich mir zum Thema Kunst. Ich kann überhaupt nicht verstehen, was in unserem Gehirn vor sich geht, wenn Lieblingsmusik ertönt. Der eine schwelgt im siebten Himmel bei einem Klavierkonzert von Chopin, der andere verfällt vor lauter Mitgefühl und Temperament beim richtigen Jazz. Ich verstehe nicht, warum das so ist, aber es ist so. Mir bleibt nur ehrfurchtsvolle Akzeptanz dieser Erscheinungen. Und wer so gut musizieren kann, sollte auch gut honoriert werden.

Zum Schluss habe ich ein Altersphänomen an mir selbst entdeckt: Als junger Mann waren alte Leute uninteressant. Sie haben mich nicht interessiert. Jetzt im Alter freue ich mich über viele alte Menschen, sei es über vergangene Taten oder neue, herzliche Verhaltensweisen. Das Aussehen solcher Personen ist dabei eindeutig zweitrangig geworden. Was sie tun, wie sie es tun und mit wem sie ihre Zeit teilen, da gibt es wunderschöne, herzerwärmende Erlebnisse.

Dies ist für heute mein letztes Wort.
Dann geh’ ich mal 'ne Weile von Bord.
Euer Werner Kurze

Ameisen

Wo kommt der Name her: Ameisen?
„Wir fressen gerne Rost und leben am Eisen."
Die anderen rufen: „Dummerweise ist das falsch!
Unsere Herkunft ist die Meise."
Da machen die Ersten, nicht laut, aber leise:
„Das hat nichts zu tun mit der Handlungsweise
beim Flug der Vögel als Lebensweise!"
Einer meinte sogar, er käme vom Eise.
Sie streiten noch heute in ihrem Kreise
und krabbeln weiter, glücklicherweise.

Ameisen auf Chaussee

Zwei Ameisen wanderten auf ‘ner Chaussee.
Dann taten ihnen die Beine weh.
Und sie verzichteten klugerweise
auf den zweiten Teil der Reise.
(nach Joachim Ringelnatz)

Sie bauten sich im Wald ein‘ Haufen
und mussten nicht Chausseen laufen.
Sie erzählten das den anderen intern.
Das hörten immer alle gern.
(Werner Kurze)

Ausflug zum Werner

In diesen Tagen hat ein Mensch, der dich gern mag, mir mit viel Mühe klargemacht, dass ich auch bei ihm wohnen könnte. Er hat immer „Pst, pst, pst!“ leise gerufen, und das sollte wohl bedeuten, dass er mich gern mag. Aber wenn wir Mäuse untereinander reden, das klingt noch ein bisschen anders.

Ich bin ihm mal in sein Haus in Würzburg gefolgt. Unser Feldlager war nicht weit davon entfernt. Es hat mir schon gefallen bei ihm. Überall große Möbel, aber auch schöne, kleine Ecken, wo man sich verstecken kann. Weil der Werner kein Fleisch isst – er ist Vegetarier –, gab es kein Fleisch zum Fressen, aber jede Menge Kekse, Brot und ganz viel reifes Obst. Da habe ich mal richtig reingehauen.

Aber als die Dämmerung kam, hatte ich Heimweh. Und dann bin ich wieder ausgerissen zu Mama. Die hat nicht schlecht gestaunt, was ich so alleine erlebt habe.

Berufsgefahren

Bei einer Kur in Bad Kissingen erlebte ich den Gerüstaufbau an mehreren Seiten eines achtgeschossigen Hauses. Dabei ging mir durch den Kopf, dass ich wegen der ewigen Gefahr, abzustürzen, so einen Beruf nicht haben wollte.
Zu allem Überfluss bauten die Arbeiter auch noch einen Fahrstuhl an und fuhren Material hinauf und herunter. Das war schon spektakulär, aber immer wieder mit dem Gedanken: Das ist schon gefährlich.

Etwas später fiel meine Erinnerung zurück an meinen Beruf. Ich war oder bin Chemiker. Und natürlich habe ich auch mit Gefahren zu tun gehabt. Mir ist eine instabile Verbindung in einer Glasapparatur zerknallt. Mir ist ein Ansatz mit dem krebserregenden Dimethylsulfat durch Ungeschick auf den Boden gefallen. Ich habe in Versuchen das ebenfalls krebserregende Propansulton hergestellt. Auch flüssige Blausäure wanderte durch meine Hände.

Ergo: Ich hatte genau das gleiche Gefahrenpotential um mich wie die Gerüstbauer. Und auch mit Brom, Chlor und Wasserstoff und auch mit Diazomethan habe ich gearbeitet.
Und noch allgemeiner stimmt es auch: Jeder Beruf hat mit einem gewissen Gefahrenpotential zu kämpfen. Nur wer sich immer wieder so früh wie möglich auf sicherer Seite in seinem Beruf wiederfindet, hat die Chance, einigermaßen heil alles zu überstehen. Man muss immer wieder erwartete Gefahren umgehen oder Vorsorge für den Unglücksfall treffen. Dann hat man die Chance, leider nicht die Garantie, alles zu überstehen.

Besuch zur Reha

Ich war ein paar Tage in einer Klinik.
Ich war so dünn, nicht wie andere so dick.
Das war die Hescuro-Klinik,
den Namen kann ich mir nicht merken,
um stabiler zu werden und mich zu stärken.

Da gibt's interessantes Personal, und zwar sone,
und dann auch noch andere, mit Deutsch und auch ohne.
Sie sind mir alle lieb in unserem Land.
Die Sahara fragt auch nicht und schickt ihren Sand.

Es hat mir in diesem Haus gefallen,
so lass ich meine Worte erschallen.
Wer immer hierher fand nach langer Tortur,
nördlicher oder südlicher von der Lebenskultur.

Und wenn uns Nofretete bedient, ahoi,
dann bin ich froh dabei!

Biene

Die Biene hat stundenlang am Blümchen gebammelt
und dabei zwanglos viel Honig gesammelt.
Und wir? Wir nehmen ihr den Honig weg
und lassen sie fliegen an einem anderen Eck.

Bilder

Ein Bild ist ein Kunstwerk ohne Frage,
egal was drauf ist und von welchem Schlage.
Berühmte Maler malten Frauen ganz nackt.
Die waren halt sehr schön. Das nennt man dann Akt.

Auch der Tod wurde schon gemalt,
fehlt mir das Verständnis, wer mit sowas prahlt.
Mir gefallen Bilder, die mich im Innern berühren
und dabei zart zu Emotionen verführen.

Bluhm

„Was wünschst denn du dir zum Geburtstag?"
„Mensch, da machst mich meschugge mit so einer Frach."
„Du grigst Blumen mit ä Wassergännchen.
Darieber freuen sich alle Menschen!"

Brief an Steffi

Liebe Steffi, liebe Schwester,
es grüßt der Werner, Ilses Bester.
Ich hoffe, Dir geht's auch ganz gut.
Das Leben ist schwer und braucht oft Mut.
Wir wünschen frohe Weihnachten Dir
und viel Geschenke, mehr als wir.
Meine Kinder sind alle fort
und leben gut an anderem Ort.
Du bist sicher bei Katrin in Bamberg.
Da kann man wohnen, auch nicht am Berg.
Alles Gute, keine OP,
wenn doch, 'ne Gelungene, ohne Schmerz – Auweh.
Du weißt ja, wohl leicht verwundert,
ich habe festgelegt, ich werde hundert.
Da können wir uns noch öfter sehen
und fröhlich auseinander gehen.
Alles Gute, Dein Bruder Werner.
Ich freu' mich aufs Treffen heut' und ferner.

Liebe Grüße von Werner und Ilse

Bücher

Oft bin ich gern ein kluger Denker,
doch öfter noch ein Buch-Verschenker.
Verschenkte Bücher machen Platz.
Der Schrank wird leerer, ratzefatz.

Bücher verkaufen ist nicht meine Sach‘.
Ich schreib‘ lieber welche mit Weh und Ach.

Danke

Wegen einer Krankheit musste ich zwei- bis dreimal in der Nacht aufstehen und notwendige medizinische Verrichtungen ausführen. Weil ich das altersbedingt nicht mehr allein schaffte, stand meine Lebenspartnerin mit auf, und wir erledigten die notwendigen Handgriffe zu zweit.

Man ist in der Nacht oft nicht sehr gesprächig, aber wenn ich mich recht erinnere, habe ich jedes Mal zu ihr DANKE gesagt, was sie mit einem lieben Lächeln beantwortete.

Ich war ihr auch sehr dankbar, und deshalb habe ich es wohl nie vergessen.

Es ist nicht schwer, jemandem zu danken, aber man sollte es auch nie vergessen, es zu sagen. Ich empfehle allen Menschen, sich für kleine und sowieso für große, gute Taten anderer immer herzlich zu bedanken.

Glauben Sie mir, das Leben wird dadurch ein bisschen schöner.

Der Riesenwal

Eines Tages, das ist noch gar nicht so lange her, kam die Rübimaus zu ihrer Mutter und fragte, ob sie alleine zum Schwimmen gehen kann. Sie war ja schon oft schwimmen und konnte es ganz gut.

Mama sagte: „Ja, aber schwimm nicht so weit raus!“

Oh, und sie zog ab zum Schwimmen. Nach einer Weile meinte sie, man könne ja auch mal ins Wasser schauen, aber mit Luft anhalten und Kopf ins Wasser. Gedacht, getan. Aber sie war zu Tode erschrocken, was sie da sah. Es war nicht ganz scharf zu erkennen, aber das musste unter ihr ein riesiger Wal sein! So einen großen hatte sie noch nicht gesehen und der Gedanke, dass der sie ja fressen könnte, war furchtbar. Also paddelte sie um ihr Leben, um bald an Land zu sein. Dann rannte sie so schnell sie konnte nach Hause und schrie immer „Au-au-au!“.

Aber Mama war die Ruhe selbst. „Hab keine Angst! Das war kein Wal!“

„Aber was war es denn dann?“, fragte sie, immer noch ganz aufgeregt.

„Pass auf, das war ein U-Boot. Ein Stück weiter ist so eine U-Boot-Fabrik und die tauchen öfter ein U-Boot ins Wasser.“

„U-Boot? Was ist denn das?“

„Die Menschen fahren manchmal mit einem Boot nicht nur auf dem Wasser, sondern auch unter dem Wasser. Das brauchen schlaue Leute, die die Tiere und Pflanzen im Wasser beobachten. Und für ganz böse Leute kann man auch in solchen Unterseebooten Krieg mit Kanonen und Bomben führen.“

„Ach, du liebe Zeit, was es alles gibt!“

Der Tunnel

Eines Tages überraschte uns Papa mit dem Plan, dass er einen Tunnel von unserer Wohnung aus durch den kleinen Berg nebenan graben wollte. Aber da musste Mama fragen: „Das dauert ja ewig. Wann willst du denn damit fertig werden?“

„Kommt Zeit, kommt Rat. Wenn wir uns nicht mehr daran freuen können, dann eben unsere Kinder!“, sagte er. Und er war nicht mehr zu bremsen.

Noch am gleichen Tag fing er an. Die ersten Zentimeter gingen auch sehr gut. Aber dann kamen Wurzeln, Steine, harter Boden. Da kam Papa immer ganz traurig aus dem Loch zurück. Er war trotz stundenlanger Arbeit manchmal nur ein paar Zentimeter vorwärtsgekommen. Und noch etwas machte ihm Sorgen: Die Luft in dem Tunnel wurde so schlecht, dass er fürchtete, er könne das nicht weiter aushalten. Nachdem wir alle darüber nachgedacht hatten, fiel die Entscheidung, für eine Verbesserung der Luftzufuhr ein kleines Rohr oder einen Schlauch einzubauen, durch den ein Motor immer frische Luft von vorn nach hinten bläst. Also so:

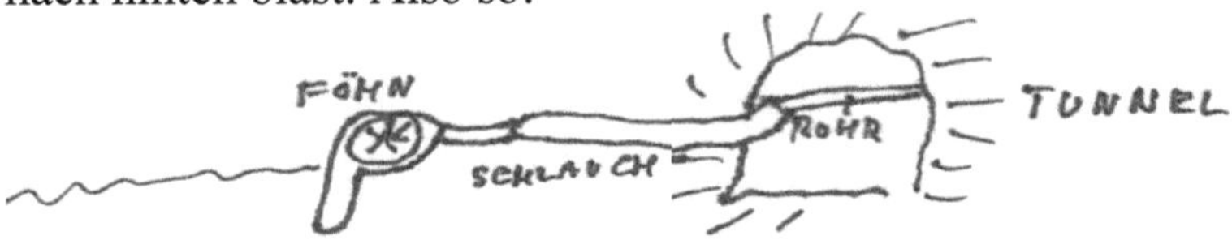

Ein dünner Schlauch aus PVC oder PE würde sicher irgendwoher zu besorgen sein, um frische Luft von draußen in unsere Wohnung zuzuführen. Das Problem war damit auch gelöst. Aber der Motor für unsere Luftpumpe war schwer zu finden. Schließlich erzählte einer unserer Verwandten, der sich mit alten Müllhaufen gut auskannte, dass er einen alten Fön gesehen hätte. Der würde zwar Luft blasen, aber viel zu viel. Und ob er überhaupt noch geht?

Fazit: Die Elektrotechniker unter den Mäusen konnten ihn

wieder zum Laufen bringen und er blies Luft aus seinem Rohr. Das war die Lösung des Problems. Er wurde mit Tesafilm mit dem Tunnelrohr verbunden und er blies die schönste, frische Luft der Umgebung in die Baustelle. Super! Papa verschwand wieder im Loch und lieferte jede Menge Müll ans Tageslicht. Ach so. Wir mussten natürlich den Müll vor dem Haus entfernen. Das hatte auch noch Zeit. Nur sollte der Tunnel bald fertig werden. Und das war auch dringend nötig. Denn das Herausholen der Abfälle wurde mit jedem Zentimeter immer aufwendiger. Und wirklich, nach einem Vierteljahr erlebten wir die Fertigstellung des intakten Tunnels leibhaftig mit. Ich glaube, dass Papa niemals so glücklich war wie an diesem Tag. Jetzt können alle Mäuse nach fünf Minuten auf der anderen Seite sein, auf einer wunderschönen Wiese.

Die Rinde ist alles

Wussten Sie eigentlich schon, dass in einem Ast nur die Rinde lebt und innen alles tot ist? Das ist wahr: Die Ernährung auch der oberen Blätter von den Wurzeln nach oben geschieht nur durch die Rinde. Das innere Holz ist abgestorben, aber es hat natürlich noch eine wichtige Funktion für die Pflanze. Das Holzgerippe trägt und stützt den Baum, und zwar schön stabil zig Meter hoch.

Als ich in Thailand zu Besuch war, kam ich in ein Geschäft, in dem lauter Buddhas aus Holz geschnitzt angeboten wurden. Der Preis war noch erschwinglich, unter 100,00 €.
Ich habe mir einen gekauft, weil er nämlich innen aus dunkelbraunem Ebenholz war, aber die Außenkanten aus hellem Holz, das wohl so hell war, weil es noch lebte.

Und im Übrigen kann nun außer dem lieben Gott auch noch Buddha auf mich aufpassen.

Dreizehn

Dreizehn ist eine ganz normale Zahl zwischen 12 und 14. Und warum machen viele Menschen einen Bogen um diese Zahl? Bei vielen Hotels und Krankenhäusern gibt es kein Zimmer 13. Warum eigentlich?

Gehen wir mal langsam vor: 13 ist eine Primzahl; sie ist nicht durch andere Zahlen, außer durch 1, teilbar. So wie andere Primzahlen: 1, 2, 3, 5, 7, 11, 17, 19, 23, 29 und weitere. Das ist zwar schon etwas Besonderes, aber erklärt nicht, warum bei der 13 immer schaurige Geschichten ihr Unwesen treiben. In einem alten Duden steht, dass ein 13- bis 17-Jähriger ein Teenager ist. Na und? Das klingt aber auch nicht gefährlich. Mein alter mehrbändiger Duden weist aber wenigstens darauf hin, dass die 13 die heilige Zahl 12 überschreitet, die bekanntlich die Basis des Duodezimalsystems ist. Vergleichbar ist die 11 unbeliebt im Dezimalsystem. 13 ist in Aberglaubensgeschichten die Unglückszahl. Der 13. in einer Versammlung ist der Unglücksbringer. Und keiner will im Hotel im Unglückszimmer übernachten.

Aber unter uns:

Das ist streng genommen alles Unfug! Wenn das Hotel doch ein Zimmer 13 anbietet, dürfen Sie ruhig auf meine Verantwortung übernachten, denn Sagen sind erdachte Geschichten, aber nicht mehr!

Dreizehn

Ich habe keine Angst vor Dreizehn.
Eher schon bei Trockenheit vor vertrocknetem Weizen.
Dreizehn ist eine normale Zahl.
Wer das nicht glaubt, gehört ins Hospital.

Doch halt, vielleicht fehlt auch dort das Zimmer Dreizehn,
denn nach der Zwölf kommt Zimmer Vierzehn.
Vielleicht gibt‘s mal ‘ne Münze einfach zum Kauf;
dann hört der Blödsinn mit der Dreizehn auch auf.

Du

Mein lieber Schatz, ich komm‘ zu DIR
und möchte DU zu DIR nun sagen.
Doch weiß ich nicht, ob ich‘s von hier
aus darf und kann das einfach wagen.

Denn wag' ich's nicht, SIE holde Schöne,
IHNEN zu sagen, wie sehr ich SIE mag,
wie sehr ich mich nach IHNEN sehne.
Die Liebe mit SIE ist jedoch wie ‘ne Plag‘.

Ich liebe SIE. Der Tag ist noch hell.
Wir könnten uns drücken und freundlich sein.
Umarmen SIE mich und bitte sehr schnell,
sonst bricht über uns schon der Abend herein.

Viel schöner klingt das alles mit DU.
Komm her, mein Schatz, und lass DICH küssen.
Sobald ich DICH seh‘, find‘ ich keine Ruh‘.
Ich muss DICH einfach drücken müssen.

Das klingt doch schon ganz anders, oder?
Das wird jetzt geändert, da geb‘ ich kä Ruh‘.
Das alte SIE, das packen wir zum Moder.
Ich bitte DICH lieb: Wir sagen jetzt DU!

Ei, ei

An der Abtei
wächst Akelei.
An der Bäckerei
wächst auch allerlei.
Was soll die Anpöbelei?
Ich brauch‘ ‘ne Arznei,
kein Salbei.
Auch keine Pinselei
aus ‘ner Malerei.
Das verbietet die Polizei,
so wie Prügelei
und laute Quäkerei.
Die sagen auch Rederei
und bringen‘s in die Reih‘!
Doch da fliegt ein Schrei,
aus massivem Blei,
von einer Partei,
direkt in die Sakristei.
So ‘ne Sauerei!
Wieder Schererei!
Der Täter schreit
und ergänzt: „Es sei!“
Diese Spitzbüberei
und Teufelei
beendet die Polizei.
Endlich ist‘s vorbei.
Die Zauberei endet,
wobei noch vielerlei
passiert,
ei, ei, ei!

Ende der Zeit

Am Anfang der Zeit forschen viele Menschen, und da ist uns vieles bekannt geworden. Und es wird immer mehr. Aber wo ist die Zeit am Ende?

Das Ende der Zeit kann ich mir nicht vorstellen, aber das Ende der Menschheit. Wenn die Lebensbedingungen auf unserer Erde nicht mehr ein Leben für Menschen erlauben, dann ist es das Ende unseres Daseins. Das wird aber wahrscheinlich lange dauern.

Vielleicht haben wir bis dahin auch noch andere Lebewesen mit Intelligenz im All gefunden. Aber auch wenn wir Menschen auf der Erde verschwunden sind, ist die Erde oder Teile von ihr nach einem Zusammenstoß noch vorhanden. Sie können nach heutigem Wissen nicht verschwinden.

Das Weltall bleibt erhalten. Wie lange? Bis zur Unendlichkeit. Vielleicht gibt es dann das Ende der Zeit. Wer weiß denn sowas?

Erinnerungen

Ich bin jetzt alt und denke gern an meine Studienzeit zurück. Da war Professor Bähr der Chef des Anorganischen Instituts. Ich habe mich immer an seinen Tafelbildern erfreut. Wenn er links oben begann und dann plötzlich unten links etwas hinzufügte, war klar, dass da noch etwas Wichtiges dazwischen gehörte. Zum Beispiel, wenn es um die Wertigkeiten von Mangan ging: Oben links stand Mn++, unten links Mn+++++++, und es war klar, dass Mn++++ (MnO_2) noch fehlte. Neben den Chemischen Instituten lag damals auch das Psychologische Institut. Die Mediziner wussten, dass ihr Chef ein hervorragender Redner war. Er stellte Patienten vor, die etwas Schlimmes getan hatten, und erklärte ihnen, dass sie vor einer Gruppe zukünftiger Mediziner standen, die nur lernen wollten. Wir „falschen Mediziner“ mussten zusehen, dass unsere weißen Kittel nicht durch chemische Präparate zu sehr verschmutzt wurden. Der Chef wusste sicher, dass wir nur aus Bewunderung und Neugier gekommen waren.

Im Anorganischen Praktikum war Herr Zoche, unser Assistent. Morgens, wenn er zur Arbeit kam, konnte man nicht sofort die Analysenergebnisse mit ihm besprechen, denn zuerst musste er sich immer rasieren. Danach war er gesprächsbereit.

Dann erinnere ich mich gern an den Physiker Schallreiter. Fast auf die Minute genau brachte er immer einen Witz über Medizinstudenten zum Besten. Zum Beispiel: Wenn man einen Lichtstrahl auf Wasser wirft, was passiert? Der Medizinstudent antwortete: „Es zischt.“ Ein anderer Witz handelte von einem Prüfling, der eine gusseiserne Kugel vom Fensterbrett holen und deren Temperatur prüfen sollte. Die Schattenseite war wärmer – warum? Nachdem der Prüfling einige Vermutungen angestellt hatte, lautete die Lösung: Schallreiter hatte die Kugel vorher heimlich umgedreht.

Und noch ein kleines Detail: Am Monatsende war oft das

Geld knapp. Dann gab es nur Kommissbrot und Kunsthonig. Aber das haben wir ausgehalten. Am nächsten Tag ging es mit dem Fahrrad auf dem Rücken über die Eisenbahnbrücke am Bahnhofsviertel, mit vielen Stufen rauf und runter. In der Mensa hatten wir einen Kollegen, der oft keine Essensmarken hatte. Ob aus Geldnot oder Faulheit, wussten wir nicht. Er nahm sich dann einfach einen gebrauchten Teller und holte sich „Nachschlag". Auch das ging ohne Weiteres.

Und in unserer Stammkneipe bedienten wir uns oft selbst, weil der Wirt nicht immer Lust hatte. Doch das Vertrauen untereinander war so groß, dass es problemlos funktionierte.

Ja, und dann erinnere ich mich gern an Professor Beyer, der ein hervorragendes Lehrbuch der Organischen Chemie verfasst hat. Ich war damals sein Schüler, nachdem Dr. Kröger, der später auch Professor wurde, uns wunderbar gelehrt hatte, wie man Experimentalbefunde aus der Triazol-Chemie interessant beschreiben kann. Wenn man bei Beyer eine Prüfung ablegen musste, war es ein Geheimtipp, bei seiner Sekretärin die Neuauflage seines Lehrbuchs einzusehen. Das half, weil der Professor das Buch gerade erst überarbeitet hatte.

Ich kenne noch zwei Personen:

Herr Kröger und Frau Hetzheim, beides Professoren für Organische Chemie. Er war in Greifswald tätig und ist inzwischen verstorben, und sie aus Greifswald, aber einige Zeit in Würzburg arbeitend.

Das sind alles sehr liebe Erinnerungen an alte Zeiten. Was heißt hier „alte" – sehr alte Zeiten (1953-1960).

Ersehntes

Kommt sie oder kommt sie nicht?
Das hat für mich großes Gewicht!
Ich warte unruhig, guck auf die Uhr.
Wo bleibt sie nur? Wo bleibt sie nur?

Ich mag nicht denken, sie käme nicht.
Das wär für mich ein hartes Gericht.
Ich schau aus dem Fenster und wieder zur Uhr.
Wo bleibt sie nur? Wo bleibt sie nur?

Ich bete und hoffe nur: Komm schnell bald,
denn ohne dich werde ich grau und alt!
Da endlich kommt‘s Auto mit der ersehnten Kost!
Hurra, sie ist da, die neue Post!

Familie Kurze

Mein Sohn Thomas ist kein Renner.
Er fährt große Strecken mit dem Rad,
da ist er Kenner.
Er ist intelligent, Lehrer und Regisseur,
und hat ein musikalisches Gehör,
er spielt Klavier und ist Komponist,
er ist Autor und Pianist.

Meine Tochter Petra hat drei Kinder
und ist lebhaft und kein Blinder.
Ganz im Gegenteil,
sie ist Malerin
und bringt‘s auch anderen bei als Lehrerin.

Beide Kinder wohnen nicht in meiner Nähe,
und deshalb plant einer wie ‘ne Koryphäe
das nächste Treffen, bis es klappt.
Keiner wird isoliert ertappt.

Die liebe Thea war meine Frau.
Wir hatten eine gute Ehe, es passte genau.
Doch leider starb sie krank und dement.
Die Krankheit ging langsam, aber permanent.
Friedlich ist sie von uns gegangen,
und ich brauchte Zeit, um wieder Kraft zu erlangen.

Meine neue Lebenskameradin ist Ilse.
Ich fand sie schnell, nicht wie das Sammeln der Pilze.
Denn wir kannten uns schon lange,
aus Studienzeiten in Greifswald.
Heute kann ich sagen: Wir lieben uns.
Wir sind zwar alt, doch wir tun‘s.

Ihr Mann ist gestorben und meine Frau,
und wir sind glücklich ohne Radau.
Wir leben in Würzburg, der grauen Stadt im Tal,
und uns sind die grauen Wände egal.

Und natürlich haben wir Enkel.
Auch die Kinder leben nicht vom Geplänkel.
Es sind fünf, zuerst die Enya, Lennart, Wilma, und die Milla,
und zuletzt der Yuma.
Ich freue mich über alle, hurra!

Farben und Formen

Grundsätzlich rufen Farben und Formen in uns Erinnerungen an reales Vorkommen in unserem Leben. Da jeder ein eigenes und anderes Leben führt, sind auch die Erinnerungen bei jedem Menschen etwas unterschiedlich. Trotzdem gibt es auch viele gleiche Empfindungen bei allen Menschen.

Am Rande sei bemerkt, dass Tiere z.T. abweichende Assoziationen haben, weil sie abweichende Farberkennungen haben.

Zunächst nenne ich die Farben aus dem von uns erkennbaren Spektrum: Lila, Rot, Orange, Gelb, Grün und dann die Farben Weiß, Schwarz und Braun.

Lila verkörpert das Dunkle und Unbekannte. Je älter man wird, desto mehr gefällt Lila, mehr als früher.

Rot, das ist die Farbe vom Feuer und der Wärme. Rot steht für kräftiges Temperament und viele angenehme Intensität. Rote Rosen sind ein Sinnbild für Liebe.

Rosa, weniger Rot, ist Rosa und präsentiert zarte, angenehme Gefühle und Herzenswärme.

Orange erinnert immer an gut durchblutete Haut und lässt Erinnerungen an gesunde Menschen zu. Orange ist eine Farbe, die wohl fast allen Menschen angenehm ist, weil auch in der Natur der Herbst und im Obst (Orangen, Aprikosen) uns angenehm berührt.

Gelb ist eine helle, leichte Farbe und steht für Helligkeit, Offenheit und Freiheit. Sie wird von den meisten Menschen als angenehm und aufmunternd empfunden.

Grün, das ist die Farbe, die die Natur als Vorbild hat. Grüne Wiesen, Wälder und Blumen rufen Naturerinnerungen hervor.

Blau steht für Schatten und beginnende Dunkelheit. Beim Tauchen sieht in 10 bis 20 Metern Tiefe alles blau aus.

Weiß ist die hellste Farbe und steht für Klarheit, Offenheit und Neutralität. Sie ergibt zusammen mit Schwarz den kräftigsten Unterschied. Damit ist sie für Bücher und Zeitschriften der beste Untergrund.

Schwarz gibt den meisten Kontrast auf Weiß, die beste neutrale Druckfarbe.

Es soll aber auch nicht verschwiegen werden, dass Dunkelrot oder Dunkelgrün oder Dunkelblau auf Weiß ebenso kontrastvoll ist.

Fehlgeburt

Dieser Beitrag ist traurig, aber wahr.
Schwester Thea war eine angesehene, gute Krankenschwester und arbeitete als sogenannte Instrumentenschwester bei zahlreichen Operationen in einem großen Krankenhaus. Sie und ihr Ehemann wollten Kinder. So kam es, dass sie auch eines Tages schwanger wurde. Nach Ablauf der Schwangerenzeit lag es nahe, dass sie im gleichen Krankenhaus ihr erstes Kind bekommen würde.

Als der Zeitpunkt der Geburt nahte, entschied eine zur Geburtenabteilung gehörende Schwester, die Geburt vorzunehmen. Als das Kind schon mit den Beinen das Freie erlangt hatte, stellte sich heraus, dass der Kopf nicht richtig durch die Beckenpassage passte. Sie zog mit Energie am Kinderleib, und dann kam der Kopf doch durch. Was aber jeder Mensch weiß, ist, dass bald nach der Geburt der erste Schrei des Kindes ertönen sollte. Er kam aber nicht. Der Kleine hatte zwar das Licht der Welt gesehen, starb aber kurz danach, weil – wie bei der Leichenuntersuchung festgestellt wurde – ein Riss des Schädeldachs das Gehirn tödlich verletzte.

Die Mutter Thea lag im Bett mit hohen Dosen an Schmerzmitteln und konnte nur noch weinen. Ihr Mann besuchte sie und war seinerseits über seine Frau und das verstorbene Kind sehr erschüttert. Ich wünsche keinem Menschen so ein Erlebnis.

Der Papa sah das Kind das erste Mal in der Kirche zur Trauerfeier. Es war ein süßer, kleiner Junge mit einem ähnlichen Gesicht wie sein Vater. Einziger Zeuge dabei war der Vater des Papas.

Die Ärzte empfahlen bald wieder eine neue Schwangerschaft, um diese traurige Geschichte vergessen zu können. Das führten Schwester Thea und ihr Mann aus. Sie bekamen noch eine Tochter und einen Sohn. Aber die Eltern des kleinen Stefan haben nie die traurige Geschichte seiner Geburt und seines Todes vergessen können.

Fliegen und Mücken

Eine Fliege fiel tot um.
Das tat mir leid, denn ihr Gesumm
war am Sommerabend schön,
sehr angenehm und nicht obszön.

Doch gab es Tiere, die fanden‘s gut,
dass die Fliege nicht mehr toben tut.
Sie freuten sich sogar und lachten,
weil ihr Tod ihnen mehr Platz am Menschen brachte.

Das war‘n die Mücken, die kleinen Stecher,
die fiesen Mückenstichverbrecher.
So ist das Leben, der eine trauert, der andere lacht.
Was das Leben alles mit uns macht!

Floh

Ein Floh, gerade eben geboren,
bei einem Mann auf den Azoren,
ruft: „Hallo, oho, oho!
Ich bin der weltberühmte Floh!“

Drauf springt er rum und grad zu mir.
Ich trank gerade mal ein Bier.
Und tatsächlich, er springt mich an
und hängt mir an mein‘ Halse dran.

Ein Biss noch direkt in mein‘ Hals.
„Der schmeckt gut, fast so wie Schmalz!“
Er fragt mich danach, ob die Brünette
da drüben ich zur Frau jetzt hätte.

„Der Frechdachs!“ und ich nicke.
Der Floh erweitert seine Blicke
und schwupp springt er an ihren Busen.
„Da könnte ich doch auch mal schmusen!“

Sie sagt: „Huch!“ und ich war froh,
ich war ihn los, den frechen Floh.

Fragen

Lieber Gott, warum muss ich so viele Schmerzen erleiden?
Keine Antwort.
Ist das die Strafe für meine Sünden als Ausgleich?
Keine Antwort.

Liebe Naturwissenschaftler und liebe Mediziner, warum muss ich so viele Schmerzen erleiden?
Das ist eben bei Krankheiten so. Das ist aber nicht geplant, es ist reiner Zufall. Im Übrigen bekommst du ja schmerzlindernde Medikamente. Und wenn du davon noch mehr bekommst, wird dein Bewusstsein getrübt, und das wollen wir nicht.
Immerhin ist mir eine Antwort lieber als keine.

Ende August 2023

Für Gott könnte aber auch die Antwort gelten:
Hast du ganz vergessen, dass ich die Ärzte ständig beeinflusse, dir die richtigen Medikamente zukommen zu lassen?

Ende September 2023

Funk

Der Funk, ihr lieben Menschen all,
der geht doch wirklich überall.
Wohin man auch guckt, per Funk wird gesendet,
rund um die Erde, bis unser Leben endet.

Doch das ist uns noch lang nicht genug.
Den gibt‘s auch im Weltall auf fernem Flug.
Der Funk geht noch weiter, ganz weit ins All.
Er fliegt um die Sterne, einfach überall.

Genuss

Was isst du gerne mit Genuss?
Ich liebe gern die Cashewnuss.
Nicht zu süß und nicht zu sauer,
und auch nicht von langer Dauer.
Alles, was schmeckt, das regt auch an.
Wer sowas isst, der ist ein Mann.
Und man stellt fest, zutiefst verwundert:
Wer richtig isst, der wird auch hundert.

Gesicht

Das Gesicht eines Menschen ist die wichtigste Aussage über sein Wesen. Enthält das Gesicht viele Falten, ist der Mensch nicht mehr jung. Er ist alt, und alte Menschen denken anders als junge. Sie leben oft schon in Rente und haben zu allen Tagesfragen fertige Antworten.

Die Augen können verschlafen, munter oder hellwach sein. Und so wird der ganze Mensch sein.

Der Bart, so sagt man, verbirgt etwas. Menschen mit viel Bartwuchs sind entweder zu faul zum Rasieren oder verbergen Eigenschaften, die sie nicht in der Öffentlichkeit offenlegen wollen.

Schlecht rasierte Menschen sind wohl alle ein bisschen faul. Der Mund kann alles: lustig lachen, bitterböse oder tief traurig aussehen.

Die Haartracht spricht immer Bände über jeden von uns: Eng oder lose, viel oder wenig, modisch oder überkandidelt. Alles ist möglich. Aber Vorsicht: Verrückte Haare sagen nichts über die Intelligenz der betrachteten Person.

Man muss immer Haare + Gesicht zusammen sehen!

Von Interesse ist noch die Kinnhaltung. Als Beispiel möchte ich an die Karikaturen von Loriot erinnern. Diese Gesichter zeigen mit wenigen Strichen hervorragend die Naivität von Menschen.

Gesicht malen

Mal ein Gesicht und vergiss die Augen.
Wenn der Mund lacht, kann‘s noch was taugen.

Nun mal ein Gesicht und vergiss die Nase.
Das ist ein Gesicht noch im vollen Maße.

Jetzt mal ein Gesicht und vergiss den Mund.
Das ist kein Gesicht. Das ist bloß noch Schund.

Warum ist der Mund so wichtig im Gesicht?
Wer nix essen kann, der überlebt es nicht.

Gewitter

Ganz ruhig ist der ganze Raum.
Nur ein Vogelpiepsen hört man kaum.
Da ein Knall! – Entschuldigung: Ein Knall,
und der Regen war stark beim Fall.
Ein Blitz fährt mit Karacho hernieder.
Elfriede platzt vor Aufregung das Mieder.
Dann hör ich nur den Regen noch rauschen.
Doch plötzlich unterbricht sich mein Lauschen.
Ich hab‘s nur geträumt und Elfriede ist heil.
Sie meint: „Mein Schelm, bist du auch noch wohlfeil?“

Gewitter

Ruhig lag am Strand das Meer.
Es war ganz still und's bewegt sich nichts mehr.
Doch da, nein da, ein Blitz ins Haus!
Der blieb drin und kam nicht mehr raus.
Und dann wieder Ruhe – 'ne Nachtigall?
Nein, keine Ruhe: Ein lauter Knall!
Und es war nicht die Nachtigall!
Ein zweiter Blitz fuhr in das Haus!
Auch der kam nirgends wieder raus.
Der Blitz war jetzt ganz resolut
und haut das ganze Haus kaputt.
Ach, beinah' hätt' ich's noch versäumt:
Das Ganze war halt bloß geträumt.

Gießen

Einmal täglich muss ich gegossen werden.
Ich brauch das, um weiter fröhlich zu leben
und um immer wieder launige, blöde Gedichte
über alles in der Welt zu machen.
Warum?
Mir macht das Freude und Spaß,
unsere Sprache putzig zu benutzen
und Leser zum Lächeln und Schmunzeln zu bringen.

Gravitation

Gravitation ist ein schönes Fremdwort für die Erdanziehung. Ich kann mir die Ursache für die Gravitation nicht erklären. Alle, die mir antworten, sagen, das sei eben die Erdmasse, die anzieht. Das ist doch blah, blah, blah! Denn ich will natürlich weiter fragen: Warum zieht die Erdmasse an? Alle vagen Erklärungen über positive Atomkernladungen und negative Elektronenhüllen befriedigen mich nicht.
Es bleibt für mich ein Wunder ohne Erklärung.

Gut gespeist

Ist zufrieden dein Bauch,
ist‘s der Geist im Kopfe auch.
Gut gegessen tut so gut
und macht müde und neuen Mut.
Ich danke euch mit vollem Namen
und sag zum Schluss jetzt nur noch Amen.

Hamburg in 3 Tagen

Wir waren im März 2024 mit dem Bus in Hamburg. Das ist eine Großstadt an der Elbe. Aber was für eine Großstadt! In Hamburg ist alles groß. Hamburg ist die zweitgrößte Stadt der Bundesrepublik mit über 1,8 Millionen Einwohnern, also viel mehr als in Würzburg mit nur 0,13 Millionen.

Nach ellenlangen Industriegebieten kamen wir am Nachmittag an und besichtigten die Hafenanlagen.

Die Busbesatzung spazierte durch die Reeperbahn, aber wir nicht, denn wir waren zu körperbehindert. Ilse stand kurz vor dem Ersatz ihres rechten Knies, und ich bin auch kein großer Streckenläufer mehr. Wir besuchten mit Interesse mehrere Läden mit hunderttausend Erinnerungsstücken. Dabei stellten wir schon mal fest, dass vieles ein bisschen teurer war als bei uns.

Unser Hotel lag ein wenig außerhalb der Stadt an der Elbe. Es war groß, schön und hell wie das Wetter. Unser Zimmer war direkt neben dem Fahrstuhl und mit Balkon – ein schöner Glücksfall.

Am nächsten Tag erfolgte eine zweistündige Stadtrundfahrt mit dem Bus und einem herrlich deutschsprachigen Hamburger Stadtführer. Wir sahen normale Wohnhäuser und bevorzugte am Wasser. Er meinte, dass der Quadratmeter zum Kauf dort wohl über 20.000 € kosten dürfte – für eine 100-qm-Wohnung wären das schlichte 2 Millionen Euro.

Alles ist vernetzt in Hamburg: Straßen, Straßenbahnen, S-Bahnen, Eisenbahnen, Radwege und Wasserkanäle. Logisch, dass es da nur mit ganz vielen Brücken geht. Auch die Innenstadt mit unendlich vielen und hohen Häusern alter und neuer Bauart, mit viel Glas.

Nicht nur am bekannten Rathaus wurden allseits die Handys zum Fotografieren aktiviert. Die Personenschiffe fahren oft über die Wasserstraßen, und der Ein- und Ausstieg erfolgt sehr flott, u.a. durch die Heckklappen rechts oder links. Einmal kamen vielleicht 20 Fahrräder mit an Deck. Auch das wurde in Minutenschnelle erledigt.

Abends war ein Besuch in der Elbphilharmonie geplant. Das Gebäude ist ein ganz verrücktes Ding. Zunächst muss man fünf Geschosse mit der Rolltreppe am Stück hochfahren. Dann kommen noch mal drei Geschosse Rolltreppe bis zum 8. Geschoss. Dann geht's mit Fahrstühlen oder zu Fuß weiter zum 11. Geschoss zur Kleiderabgabe. Laut Eintrittskarte war unser Platz im 16. Geschoss. Von dort sah man schräg von oben auf die Symphoniker Hamburg. Dirigent des 1. Teils war Mischa Maisky und der 2. Teil wurde von einer jungen Frau, Han-Na Chang, dirigiert. Was für ein Erlebnis!

Am dritten Tag erfolgte eine große Hafenrundfahrt mit Erklärungen. Ob es nun Taucherarbeiten unter Wasser oder große Schiffe ohne Wasser mit einem riesigen Bugteil waren, es war alles interessant.

Wir hätten nicht gedacht, was man alles bei einer so kurzen Reise sehen kann. Der Busfahrer war zurückhaltend und ist gut gefahren, und die Nicole hat überall lieb geholfen. Damit war klar: Das war ein tolles Erlebnis, und man bekommt Lust auf eine Wiederholung!

Dr. Werner Kurze, März 2024

Helikopterhotel

War'n Sie schon mal in einem Helikopterhotel?
Da verkehren nur Kranke und keine Modell.
Wenn dann die Gäste im Helikopter ankommen,
wird den anderen der Schlaf leicht genommen.
Mich betrifft das nicht. Ich mach die Hörerohren raus.
Und höre kein' Lärm mehr – fast wie zu Haus.
Und wisst ihr, wo das ist? Würzburg Chirurgie.

Hörgeräte

Ohren – der Mensch hat Ohren, die von einem individuellen, eigenen Gehirnteil versorgt werden. Da der medizinische Zustand des einen Ohrs rechts anders sein kann als auf der linken Seite, muss es zwei unabhängig voneinander arbeitende Hörgeräte geben: eines für links und eines für rechts.

Da mich Gott mit unterschiedlichen Leistungsfähigkeiten bedacht hat, kann man die Hörgeräte nicht leicht äußerlich unterscheiden. Als ich dies kürzlich unternehmen wollte, kam ich auf die Idee, als frisch Operierter mit reduzierten geistigen Fähigkeiten Hilfe im Krankenhaus bei gut ausgebildetem Personal zu suchen. Aber die zuerst kontaktierten Krankenschwestern waren dazu nicht in der Lage.

Also ging meine Bitte an den nächsten Besserwissenden. Der aber glaubte vor Arroganz und Ungeduld, dass dies nur ein leichtes Handproblem meines Lebens war. Ungeduldig befummelte er das Gerät schlecht und recht in mein Ohr und verließ den Raum. Doch der Angeber hatte sich geirrt, denn der äußere Nach-OP-Zustand zwang mich zum Ohrwechsel.

Für mich ist dieser Zwischenfall ein Paradebeispiel für medizinische Arroganz und für die schlechte Erkennbarkeit von Hörgeräten unseres Landes.

Zu Demonstrationszwecken füge ich ein Bild meiner Hörgeräte bei, an denen man die beiden Teile – Funktionsgerät und Akku – gut erkennen, aber leider nicht ohne weiteres zwischen rechts und links unterscheiden kann. Mein Wunsch wäre minimal, folgende Worte zu dokumentieren:
„Rechts Kurze“ und „Links Kurze.“

Homunkulus: Weiterleben und Tod

Ich konnte mich noch sehr gut an den Tag erinnern, an dem mein Papa, meine Mama und ich ihm im Wald Lebensmittel gebracht haben. Meine Mutter ging dann immer einmal in der Woche zu ihm und brachte ihm wieder neue Lebensmittel. Ich war dann aber nicht mehr dabei, und er kam auch nicht mehr an unsere Wohnung.

In der Zeit kam ich aufs Gymnasium und hatte andere Dinge zu erledigen: die Fahrt zum Gymnasium hin und zurück. Da waren auch ein paar Gebiete im Schulstoff, die mich sehr interessierten: Bio, Mathe, Chemie und Sprachen. Ich hatte ihn, wenn ich ehrlich bin, ein bisschen vergessen.

Doch eines Tages erzählte meine Mutter beim Abendbrot, dass Homunkulus weg sei. Die Häuser in seiner Nähe wussten auch nicht, wo er hin war. Wen wir auch fragten, niemand wusste etwas über ihn.

Ich begann zu studieren, und Homunkulus verschwand allmählich aus meinem Gedächtnis. Da blieb mein Blick eines Tages an einer Kreuzung an einem schwarzhäutigen Menschen hängen, der auf einer Stufe saß und sich kaum bewegte.

Ist das Homunkulus, oder nicht? Er hatte schon die ersten grauen Haare, aber er könnte es tatsächlich sein.

Also fragte ich etwas unsicher: „Bist du Homunkulus?“

Und seine angenehme, dunkle Stimme sagte: „Ja.“

Damit hatte ich nun überhaupt nicht gerechnet. Ich nahm mir ein bisschen Zeit und fragte ihn aus, wie er dahin gekommen war, wo er jetzt saß. Er berichtete mir, dass er amtlich aufgenommen wurde und in dem Heim da drüben wohnen und sogar kostenlos essen könne.

„Das ist toll, ich gratuliere dir“, sagte ich begeistert. „Du, ich muss gleich weiter, aber ich hab noch eine Frage: Wann hast du Geburtstag?“

„Das kann ich nicht so schnell sagen, aber ein Arzt hat mich untersucht und den Geburtstag auf den 15. Dezember 1935 festgelegt. Es gab nämlich keine Unterlagen darüber."

„Danke für die Info. Ich muss los und besuche dich am Wochenende."

Was ich von ihm erfuhr, war hochinteressant und traurig zugleich. Seine früh verstorbenen Eltern hatten ihm keine Unterlagen hinterlassen. Er konnte nicht lesen und nicht schreiben, weil er niemals eine Schule besucht hatte.

Er erhielt doch ein paar Euro vom Staat und saß nun am Rande unserer Welt. Er legte Wert darauf, dass er nicht betteln würde. Er nahm zwar Geschenke an, aber er bettelte nicht.

Ich besuchte ihn in den nächsten Jahren öfter und machte ihm auch kleine Geschenke. Doch weil man als Student auch viele Termine hat, wurden die Abstände manchmal größer.

Und dann kam der Tag, an dem ich ihn wieder mal besuchen wollte, aber er saß nicht an seinem Eck. Im Heim erfuhr ich, dass er ein bisschen krank und müde war und öfter schon früh ins Bett ging.

Am nächsten Tag stellte ein Arzt seinen Tod fest. Wahrscheinlich hatte ein Herzinfarkt in der Nacht seinen Tod verursacht. So verschwand der mysteriöse Homunkulus aus unserem Leben. Eigentlich war er ein lieber, guter Mensch.

Kleiner Po im Klo

Hallo Hilfe! Ich fiel ins Klo!
Ich hab doch noch so ‘nen kleinen Po.
Wie komm ich wieder aus dem Loch?
Das ist so nass am Po, doch, doch!
Nicht spülen, nein, nein!
Sonst fall ich noch ins Loch hinein.
Ich sag euch, das war wunderbar,
als der Traum zu Ende war!

Knie-OP-Plan von Ilse

Nun bin ich allein in einem Heim, weil meine Lebensgefährtin Ilse morgen ein neues Kniegelenk operiert bekommt. So musste ich, weil ich auch Hilfe mit meinem Stoma brauche, in eine sogenannte Kurzzeitpflege in einem Heim untergebracht werden. Gut ist, dass es mit dem Handy gelingt, jederzeit miteinander zu sprechen. Das habe ich heute schon zweimal genutzt. Ilse ist in der Klinik und ich im Heim, ganz schön weit voneinander entfernt.

Mein größter Wunsch ist, dass sie die OP heil übersteht. Alle anderen Varianten, die mir im Kopf herumschwirren, sind schlecht. Also hoffe ich, dass sie bald mit einem neuen, schmerzarmen Knie herauskommt. Die letzten Tage mit kaputtem Knie waren eine Qual für sie. Wir haben die Röntgenaufnahme der zerstörten Gelenkfläche beide gesehen.

Ich hoffe, dass alles gut wird.

Ein Tag später: Ilse hat bei meiner Heimverwaltung angerufen und gefragt, wie es mir geht. Gut, außer der ewigen Angst, dass ihre OP nicht gut verlaufen könnte.

Kurz vor 10:00 Uhr habe ich sie angerufen, aber es nahm keiner ab. Also läuft jetzt sicher die OP.

Ich beiße meine Zähne zusammen und denke, es muss alles gut gehen!

Inzwischen war meine Heimbeauftragte bei mir wegen der Erfassung meiner Wünsche zum Essen. Im Aufenthaltsraum begrüßt mich immer ein alter Mann mit einer freundlichen Handgeste. Er kann anscheinend nicht mehr sprechen. Wir verstehen uns aber auch so mit Handgesten über das Wetter oder das Fernsehbild. Da sitzt er nämlich immer.

Kurz vor 12:00 Uhr rufe ich wieder an: Es nimmt keiner ab. Vielleicht läuft die OP noch oder der Nachschlaf nach der Narkose.

Kurz vor halb zwei spüre ich einen leisen Ton und ein

Wackeln meines Handys. Weil ich zurzeit nur ein Hörgerät habe – das zweite ist noch immer nicht da –, höre ich sehr schlecht.

Doch da durfte ich sofort glücklich werden: Es war Ilse, nach der OP. Ich war so froh, dass alle bösen Ängste bloß noch dumme Gedanken waren.

Zurzeit hatte sie noch keine Schmerzen am neuen Knie. Wahrscheinlich war alles noch betäubt. Ich war so froh und glücklich. Morgen werde ich sie besuchen.

KSB-Bratlinge

Vor ein paar Tagen sagte Mama zu mir: „Morgen wollen wir KSB-Bratlinge essen."

„Oh, was sind denn KSB-Bratlinge?"

„Das weißt du noch gar nicht? Also, KSB ist die Abkürzung für Kartoffel-Schabe-Brei. Das musst du mit Papa zusammen holen. Wir holen das immer bei einer Rattenfamilie. Die sind nämlich stärker als wir. Zum Bezahlen möchten die immer einen schönen Apfel haben, der muss rot und gelb aussehen. In der Schuppenecke haben wir auch zwei versteckt. Einen könnt ihr mitnehmen und zur Ratte kugeln."

„Na, das ist so aufregend. Woher kennt ihr denn die Ratte?"

„Die kennen wir schon lange. Die war immer nett zu uns."

Und dann liefen der Papa und ich zur Rattenfamilie. Die hatten hinter einem Holzlager eine richtige kleine Werkstatt. Was es da alles zu sehen gab! Auf einem kleinen Tisch war ein Glasscheibenbruchstück befestigt, sodass ein Kartoffelstück an der Schnittkante beim Drüberschieben von dünnen Kartoffelstückchen befreit wurde. Der abgeschnittene Brei fiel in kleine Nussschalen. Papa zeigte unseren Apfel und man war sich sofort einig, dass wir unsere Glasbüchse dafür mit Kartoffelbrei gefüllt zurückbekamen. Also bekamen Papa und ich eine Zugleine, um die wertvolle Ladung heil nach Hause zu bugsieren.

Dann kamen Mama und ich in Aktion. Wir pressten kleine Bratlinge in einen Tiegel. Außer Braten habe ich auch ein Herz gebastelt. Dann hat Mama in jeden Tiegel etwas Rapsöl aus einem Beutel geholt und dann kam das Braten. Uh, das hat lecker geschmeckt, mh. Am Ende waren es über zehn Bratlinge, die mundgerecht auf dem Teller lagen: Das hat super prima geschmeckt und ich freue mich, wenn wir das mal wiederholen.

Kurz-Krimi

Es war an einem Sonntag, und es war rein gar nichts los. Nur Sonne gab's überall, und es war dementsprechend warm, auch überall. Nachts hatte es drei Tropfen geregnet, und man musste noch nicht wieder Wasser versprengen. Meine Partnerin Ilona las im Wintergarten ein Buch. Das konnte ich schon lange nicht mehr, weil meine Augen altersbedingt nur noch schlecht sehen konnten. Lesen im üblichen Sinne konnte ich schon lange nicht mehr.

Ich musste mal aufs Klo. Also ging ich ins Haus, dorthin, wo der Kaiser zu Fuß und allein hingeht. Ich saß auf der Brille und freute mich, dass mein Inneres erleichtert sein würde. Da plötzlich hörte ich meinen Namen rufen. War es ein Ruf nach mir, oder hatte ich mich verhört? Nein, „Peter" klang's ängstlich. Also war ich der Gesuchte. Ausgerechnet jetzt, als ich auf dem WC saß, rief meine Partnerin nach mir! Also eilte ich, sobald ich konnte, in den Wintergarten. Aber da war sie nicht. Wieder ertönte es: „Peter, komm schnell!"

Und dann sah ich, was passiert war: Sie war gestolpert und mit dem Kopf auf einen Zierstein aufgeschlagen. Alles voller Blut! Mein Gott, was mach ich jetzt zuerst – helfen oder den Krankenwagen rufen? Zuerst versuchte ich, die Blutrinnsale mit einem Handtuch zu bremsen. Das ging aber nur sehr unvollkommen. Also versuchte ich, über die bekannte Notrufnummer einen Krankenwagen zu rufen. Dann fiel mir ein, dass Ilona doch von den Maltesern einen Notrufknopf hatte. Der funktionierte gut, und nach wenigen Minuten waren die Sanitäter da und bemühten sich um sie. Schon wenige Minuten später fuhren sie mit ihr ins Städtische Krankenhaus. Ich war aufgeregt und wusste nicht, was ich als Nächstes machen sollte. Aber die Aufregungen gingen weiter. Nach einer Viertelstunde rief mich ein Arzt an: „Sie müssen ganz gefasst bleiben, aber ich habe nur eine schlechte Nachricht für Sie. Ihre Partnerin,

Ilona Wanders, ja? Sie ist durch einen Herzinfarkt plötzlich verstorben."

„Sagen Sie das bitte noch einmal, verstorben?"

„Ja, so ist es. Kommen Sie doch bitte zu uns und melden sich bei mir. Mein Name ist Dr. Matthias."

„Ich komme sofort mit einem Taxi; ich fahre nicht mehr mit dem Auto."

Ich hatte keine Ahnung, wie es mit mir weitergehen sollte, denn Ilona pflegte mich. Im Krankenhaus wurde ich über ellenlange Gänge geschickt und endete meinen unfreiwilligen Krankenbesuch in einem Raum, in dem es sehr still war. Dort lag Ilona auf einer Liege mit einer Decke über dem Körper. Nur der Kopf guckte raus. Die Schrammen hatten aufgehört zu bluten, und sie lag so still da, dass ich gar nicht glauben konnte, dass sie tot war. Ich wurde aufgeklärt, dass man Tote immer 24 Stunden bei Raumtemperatur liegen lassen müsse, weil man nie ganz ausschließen könne, dass jemand doch noch lebt. Das sei eine alte Sicherheitsmaßnahme zur Bestätigung des Todes.

Als Laie nahm ich an, dass Ilona tot war, denn ihre Haut war kalt.

Ich verließ den Raum und fuhr mit einem Taxi nach Hause.

Was sollte ich nun tun? Erst mal alle lieben Freunde vom Tod Ilonas informieren und dann die Behörden und Versicherungen. Nach essen war mir nicht zumute, aber Durst hatte ich doch. Ilonas Tochter wollte morgen kommen. Ich hatte zehn Telefonate und acht Briefe erledigt. Aber so richtig begreifen konnte ich das alles nicht.

Einen Tag später, es war Montag, klingelte es bei mir an der Tür, und draußen standen zwei Männer. Der eine stellte sich gleich als Dr. Matthias vor, der zweite hieß Dr. Brockmann. „Herr Braun, wir würden Sie gerne sprechen."

Den Dr. Matthias hatte ich ja gestern schon kennengelernt, also bat ich beide herein. Und ich wollte es kaum glauben: Ilona lebt und ist nicht tot! Aber wegen des Herzinfarkts ist jeder

Besuch verboten, und es wird eine strenge Therapie zu ihrer Heilung angewendet. Ich erinnerte mich an die Therapie meines Herzinfarktes und begann allmählich zu begreifen, was da alles gemacht wurde. Die „tote“ Ilona lebt, ist aber nicht besuchbar. Oh Gott, ist das ein Durcheinander!

Für mich hieß das: Alle wieder anrufen und Post schreiben. Jetzt war ich auch beinah so weit, dass ich vielleicht einen Herzinfarkt bekomme.

Und das war der Moment, in dem ich wieder im Wintergarten aufwachte und Ilona quicklebendig einen Kaffee servierte. Alles war nur ein Traum! Oder war eine meiner über zehn Tabletten am Tag mit einem Traumerlebnis bereichert? Wer weiß das schon!

Liebesgeschichte

„Ach, du bist Schriftsteller? Schreib doch mal eine Geschichte über ein junges Liebespaar!" – „Mach ich.“

Ein junges, hübsches Paar kam auf die Idee, eine kleine Wohnung zu mieten. Sie hatten jedoch nicht genug Geld, um alle Zimmer mit Möbeln zu füllen. Also hatten sie nur eine kleine Küche und eine Doppelcouch im Wohnzimmer. Sie zogen sich in ihre Wohnung zurück und liebten sich. An der Wohnungstür hing ein Zettel mit der Aufschrift: „ZU. Zu zweit allein sein.“ Das hatten sie sich schon lange gewünscht. Sie liefen nur spärlich bekleidet umher. Claudia sah ihren Mann Peter das erste Mal im Unterhemd und ohne Hose. Man sah ihm an, was ihm im Kopf herumschwirrte – nichts anderes als Liebe zu Claudia.

Es dauerte nicht lange, bis sie sich umarmten und Claudia leise sagte: „Nimm mich ganz!“ Irgendwann in der Nacht schliefen beide auf der Couch ein. Und sie kamen nie mehr aus dem Haus.

Und damit ist die Geschichte am Ende und aus.

Teil 2:

Zum Frühstück gab der Kühlschrank noch etwas her, aber die Mittagszeit nahte bedenklich. Um 1 Uhr verließen zwei Hungernde die Wohnung und entfernten den Zettel. Mit knurrendem Magen erreichten sie die nächste Gaststätte, und damit hatte der Alltag die beiden Ausreißer wieder im Griff.

Löffel und Marga

Einst sprach der Kaffeelöffel zur Margarine:
„Dein goldiger Becher sieht aus wie eine Biene
und du bist weich und voller Schmalz!“
„Ich bin nicht aus Schmalz und enthalte kein Salz.
Aber du, schlanker Löffel, kannst mich Marga nennen.
Den Namen dürfen nur Freunde kennen.“

Da griff die Madame am Tisch zur Margarine,
strich ein Brot mit lüsterner Miene.
Dann warf sie die Verpackung achtlos zur Seite,
und kaute schmatzend mit Blick in die Weite.
Was war aus der Margarine-Verpackung geworden?
Kunststoffabfall mit zerknautschten Borden.

Nun gefiel dem Löffel der Abfall nicht mehr.
Er wandte sich ab, es interessierte ihn nicht sehr.
Die Margarine schwamm im Bauch der Madame.
Sie fühlte ihr Ende nahen und dachte noch klamm:
Schön war die kurze Liebe aber doch,
und sterbend erinnerte sie sich an den Löffel noch.

Loperamid 2 Heumann

Wir kennen ein Medikament, das macht aus dünnem Stuhl
wieder dicken Stuhl. Ist das nicht cool?!
Schon eine Tablette schafft dieses Wunder,
dagegen ist alles andere der wahre Plunder.
Vorm Schlucken gibt's noch eine Qual:
Die Tabletten schmecken katastrophal.

Lustige Worte

Am besten kann man so gut dichten,
alle Worte auseinanderposamentiert richten,
den Krimskrams und den Tütelkram genau beschreiben,
dann werden dir auch Kunden mit Lüttiti bleiben.

Männersport

Wilma ist ein schönes Kind.
Jetzt erwachsen, da gucken die Männer geschwind
etwas länger nach den hübschen Wädchen.
Doch was hör'n sie da am Rande?
Sie spielt ja Fußball wie die Männer,
sogar im Schnee, gleich früh im Jänner.
Das geht zu weit, da guck ich weg!
Ich such' Zarte am nächsten Eck.

Massenmörder

Ich habe eben mit Interesse den Beitrag über zehn Massenmörder unserer Geschichte von Rainer Innreiter im Internet gelesen und nutze das Angebot, mich dazu zu äußern.

Mein erster Eindruck, und da bin ich sicher nicht allein: Es ist schockierend, was einzelne Menschen in der Welt für Millionen Tote die Ursache sind. Der zweite Gedanke, der mich schon lange angesichts dieser Gräueltaten bewegt, ist die Frage an uns Überlebende: Wie und warum ist so ein Massenmord möglich? Was hat in unserem Staatswesen gefehlt, dass so etwas nicht frühzeitig gestoppt werden kann?

Für einen zivilisierten, aufgeklärten Menschen müsste doch klar sein, dass jeder Mensch das Recht auf Leben hat und dass das Töten eines anderen Menschen nicht akzeptiert werden kann. Das heißt natürlich auch, dass die Todesstrafe verboten sein muss.

Ich unterstelle, dass die Mehrheit der Menschen diese Forderungen unterstützt. Wenn sie im Staatsrecht verankert sind, sollten die Aufsichtsorgane, wie die Polizei, deren Einhaltung sicherstellen. Ein Mörder sollte durch nachvollziehbare Dokumente als Straftäter identifiziert und von den Sicherheitsorganen isoliert und ins Gefängnis gebracht werden. Mord ist Mord, und es gibt keine Ausrede.

Die vorliegende Zusammenstellung zeigt leider, dass es nicht immer so läuft. Mein Fazit ist klar: Wir müssen unseren Staat rechtlich und sicherheitstechnisch so stark machen, dass so etwas nie wieder vorkommt.

Ein schwieriges Problem ist die internationale Zusammenarbeit oder deren Einschränkungen. Hier müssen Umstände beachtet werden, um ein Volk nicht unnötig wegen eines Massenmörders an seiner Spitze zu bestrafen. Aber der Massenmörder gehört ins Gefängnis.

Mäuse-Schule

Na, und das haben wir ja auch ganz vergessen: die Mäuseschule! Natürlich müssen kleine, junge Mäuse in die Schule gehen. Dort lernen sie Sport (Rennen und Turnen), Rechnen (mit dem MM-Buch, dem Buch für Mäuse-Mathe), Reden, Piepsen und Singen. Unterricht gibt es nur bei gutem Wetter im Freien. Bei Regen müssen alle daheim helfen. Die Lehrer und Lehrerinnen sind ganz schlaue Mäuse, und alle tragen eine Brille. Die Mäuseschüler müssen die Zahlen 1 bis 10 auswendig können, und das ist für kleine Mäuse ganz schön kompliziert. Am Schulende müssen alle das Lied können:

Die kleine Maus
guckt gern zum Loch raus,
und geht gern
überall rein und überall raus.

Mein Gebet (WK 01.01.2024)

Lieber Gott und
lieber Jesus, Sohn Gottes!
Ihr seid im Himmel und auf Erden.
Euer Wille geschehe im Himmel und auf Erden.
Gebt uns unser tägliches Brot, wie auch wir den Armen helfen.
Vergebt uns unsere Schuld, wie auch wir dem vergeben, der uns etwas schuldet.
Denn Euer ist das Reich und die Kraft und die Herrlichkeit in Ewigkeit.
Amen.

Mein guter Weg

Ich bin auf einem guten Weg.
Ist der Weg auch steinig und mühsam,
so hilft mir der Glaube an eine bessere
Zukunft über alle Hürden.
Ich bleibe auf meinem guten Weg.

Würzburg im August 2023
WK

Mich und mir

Mich und mir
verwechsle ich.
Mich geht's gut,
sag ich, dein Disput.
Und dich auch?
Ist mein Gebrauch.
Ich nehme gern mich.
Das gefällt halt mich.
Und kommst du zu mich,
dann freue ich mich.
Ich grüße dir
und denk an mir.

Mücke

Das Lebensglück hat eine Lücke,
sticht mich am Halse eine Mücke.
Mein Blut, das schmeckt den‘ wunderbar,
denn manchmal kommt gleich ‘ne ganze Schar.
Ich bin zwar Vegetarier, bei Gott,
doch wenn sie mich sticht, schlag ich sie tot.

Mysterien

Mysterien sind für mich Gehirnsalat mit realem Untergrund. Immer enthalten Mysterien reale Bestandteile unseres Lebens. Sie sind aber so verfremdet, dass sie nicht real existieren, wohl aber in einer gedachten Umgebung. Und genau das macht sie so interessant. Was geht in uns vor, wenn solche irrealen Konstruktionen gedanklich entstehen? Ist das die Sehnsucht nach irrealen Welten? Ich weiß es auch nicht, aber interessant ist es zu sehen oder zu lesen, was in den Köpfen unserer Freunde so vorgeht.

Ich finde auch Folgendes interessant: Malen Sie eine Linie mit Kurven und Ecken auf ein Blatt Papier, so wie links. Und dann sehen Sie sich die Linie genau an. Und was sehen Sie? Lauter Profile von Menschengesichtern. So einfach können achtlose Linien schon ein Mysterium beginnen.

Mysterien sind ein Stück vom Leben, ich freue mich, dass es sie wirklich gibt. Es wäre traurig, gäbe es sie nicht. Denn unser Gehirn hat sie angesichts der Realität erdacht und zeigt der Traumwelt reales Bild, mal versponnen, mal wild.

Drum sag ich: Lasst sie fröhlich spaßen und unser Leben mit ihnen versüßen.

Normalfigurensong

Wir sind vom Verein für schöne Figuren.
Wir helfen euch allen, auszusehen wie nach Kuren.
Da kommt schon ein Dicker, das ist bei uns verboten.
Dem werden wir die Kohlenhydrate runter loten.

Und die nächste Frau, die ist viel zu hager.
Da holt der Partner Eiweißpulver vom Lager.
Und dann kam einer, der konnt' sich nicht mehr gerade strecken.
Der kriegt Lebewohlsaft und kann Uhus wieder wecken.

Und wenn alle gut gehen, sind wir sehr erfreut
und wünschen alles Gute allen Leut'!
Es lebe das Leben, wer gesund ist, wird alt.
Dann gehen wir spazieren in unserem Wald.

(Melodie: Thomas Kurze)

Oberdürrbacher

Auf 57 kg abgemagert bin ich,
habe Schmerzen, egal wie gelagert.
Ich habe beim Sitzen auch Schmerzen am Po.
Da fehlt das Fett halt ebenso.

Alle Leute sagen mir, ich soll mehr essen.
Sonst kann ich ein langes Leben vergessen.
Ich will aber leben und beiße mich durch.
Und werde gesund sein, wie am Boden der Lurch.

Ich wohne in Oberdürrbach in einem Haus,
und so seh' ich im Gesicht auch aus.

Osmose

Dass wir im Wald von schönen und großen Bäumen umgeben sind, verdanken wir dem physikalischen Prinzip der Osmose. Was ist Osmose? Wenn man zwei wässrige Lösungen mit unterschiedlichen Salzkonzentrationen nebeneinander durch eine durchlässige Wand zusammenstellt, bemüht sich das Wasser der Lösung mit wenig oder keinem Salz, durch die Trennwand in die andere Lösung mit mehr Salz zu gelangen. Anders ausgedrückt, bemüht sich die konzentrierte Lösung, verdünnt zu werden.

Durch dieses Phänomen kann man Wasser von unten nach oben ziehen. Ist das nicht fantastisch?

Es hat schon Leute gegeben, die haben einen ganzen Baum abgesägt und ihn in eine riesengroße Vase mit Kranen gestellt. Tatsächlich konnte man beobachten, wie Liter für Liter Wasser aufgesaugt wurde und es so zu seinen Blättern brachte.

Ich kann mich an so etwas begeistern. Sie auch?

Pardautz

Pardautz! Geschirrirr!
In tausend Stücken das Glasgeschirr!

Das wird teuer, verdammt noch mal!
Doch nicht für mich, ich bin gut versichert!
Jedes Glas mit 100% gesichert.

Das nächste Mal lach ich bei Pardautz.
Die ALLIANCE kennt doch jeder, auch der letzte Kautz.

Petra gala

Petra gala ist ein silberner Fisch.
Die meisten Leute kenn'n ihn noch nich'.
Er schwimmt über Kiesel bis rauf ans Licht
und ist schnell wie ein Hai, oft sieht man ihn nicht.
Neulich ward einer gefilmt im Hochzeitskleid,
voller Gold und Weiblichkeit.
Er ist schlank und geht durch grobe Netze.
Er ist nicht leicht fangbar trotz mancher Hetze.
So hält die Natur das silberne Stück
am liebsten immer bei sich zurück.
Schade.

Rechts und Links

Seit einiger Zeit trage ich Socken, auf denen die rechte Seite mit R und die linke Seite mit L gekennzeichnet sind. Der Grund ist, dass nicht nur ich, sondern alle Menschen unterschiedliche Füße haben. Mein rechter Fuß geht links etwas weiter vor und der linke auf der rechten Seite.

Ich freue mich, dass es schon einen Sockenhersteller gibt, dem das aufgefallen ist und der es bei den Socken berücksichtigt.

Mir ist völlig unklar, warum die anderen Sockenhersteller diese doch wohl ihnen bekannte Körperform nicht berücksichtigen. Nach meinem Wissensstand hat kein Mensch rechteckige Füße.

Und so eine kleine Markierung R und L dürfte doch wohl nicht die Welt kosten, oder?

Regen in Europa

Die Wolken ziehen fröhlich hin,
direkt aus München nach Berlin.
Dort fällt runter der bayrische Regen
und bringt dem Parlament seinen Segen.
Ein bisschen später kommt die Sonne
und schluckt das Wasser mit großer Wonne.
Da kommt 'ne Wüste angeflogen.
Den Sand haben die Wolken aufgesogen.
Der plumpst runter auf die Donau drauf,
und die vergisst dann ihren Lauf,
verkriecht sich ganz in die Mutter Erde.
Ein paar Kilometer weiter frisst eine Herde Schafe Gras
und sie macht sich daraus einen schönen Spaß,
kommt wieder ans Licht und ist doppelt so nass.
Die Sonne geht gleich wieder drauf
und schluckt viel Wasser auf
und trägt die Wolken sehr weit fort,
bis an einen ganz entfernten Ort.
Drauf regnet es in Moskau stark
und macht den Straßendreck zu Quark.
Man räuspert sich und schüttelt die Westen:
Das ist gutes Wasser und kommt vom Westen.

Roggen

Aus dem Weltall flog ein glücklicher Brocken
mitten auf unser Feld mit Roggen.
Der Roggen war stolz drauf und wie von Socken.
Er nannte sich spontan drauf Rocken.

Rübimaus sieht Eisenherstellung

„Also“, fing eines Tages unser Menschenpapa an, „ich wollte schon lange mal unsere Rübimaus fragen, ob ich ihr einen Gefallen tun könnte. Ich habe mich sehr gefreut, dass sie unsere Sprache gelernt hat. Deshalb können wir richtig miteinander reden. Also, liebe Rübimaus, womit könnte ich dir eine Freude machen?“

„Hui“, war meine erste Antwort. Aber dann kam ich noch etwas schüchtern zu Wort: „Du arbeitest doch in einer Fabrik, in der Eisen hergestellt wird? Kannst du mir das mal zeigen?“

Und zu meiner Überraschung sagte unser Papa einfach: „Ja. Morgen kommst du gleich nach Sonnenaufgang zu uns und ich nehme dich im Auto mit in die Fabrik, okay?“

Na, da hätte ich mich bald überschlagen vor Freude.

Bei Sonnenaufgang krabbelte ich schnell zur Menschenwohnung und wartete vor der Haustür.

„Also, dann hüpf‘ mal auf meiner Hose ins Auto, auf den Rücksitz, und dann fahren wir los!“

Mein Gott, war der Weg dahin weit! Das hätte ich nie alles alleine laufen können. Dann versteckte er mich in einer Tasche, aus der ich wunderbar herausgucken konnte. Ab und zu sprach er, damit ich auch mitkriegte, was er alles sagte. „Der wichtigste Rohstoff zur Herstellung ist ein glänzendes Erz. Das ist der Pyrit. Der enthält Eisen, das mit Schwefel verbunden ist. Die Formel lautet FeS_2. Da drüben wird es auf Güterwagen durch die Eisenbahn gebracht. Dann wird es mit Koks auf hohe Temperaturen gebracht. Eisen schmilzt zu flüssigem Eisen bei 1535°C! Das ist verdammt heiß. Und wenn man noch weiter heizen würde, fängt es bei 3070°C an zu kochen. Das rohe Eisen ist noch unrein und wird noch in zwei weiteren Öfen verbessert. Am Ende fließt das flüssige Eisen heraus in Formen und wird weiter bearbeitet. Das gucken wir auch mal an!“

Das hatte ich noch nie gesehen, so viel Eisen und alles so

heiß!

Mittags fuhr ich mit Papa zu seiner Wohnung mit. Dann rannte ich schnell in unseren Bau, erzählte, fraß und erzählte wieder. Das war ein ganz großes Erlebnis für mich.

Sachlichkeit und Menschenliebe

Ich erhielt Bettelbriefe einer Professorin*
aus der HIRNLIGA der Medizin.
Sie waren voll Inhalt und voller Liebe.
Die fielen mir auf aus dem normalen Betrieb.

Es geht also doch, wenn man sachlich beschreibt
und mit Herzenswärme alles freundlich bleibt.
Das spricht mich an, und ich bin gern bereit
und spende dadurch für unsere Gesundheit.

Noch immer heißt es beim allgemeinen PROSIT:
„Es möge nutzen“ bei gutem Appetit.
Wir tun uns selbst etwas Gutes
und lächeln dabei frohen Mutes.

*Prof. Dr. med. Isabella Heuser Werner, 2024

Sauferei

Besoffen sein ist wunderschön,
da kann man die Welt mit Sonne seh'n.
Nur leider hat das Trinken einen Haken,
und der ist ärgerlicher noch als Schnaken.

Die Leber addiert das still und fein
und empfiehlt uns drum: Lasst's lieber sein.
Die Leber ist ein großes Organ
und hat viel für unser Blut getan.

So richtig krank nennt man's Zirrhose,
die nichts zu tun hat mit 'ner Rose.
Der Arzt erkennt's an der Blutanalyse
und zeigt, was da fehlt an des Lebens Süße.

Das Fazit ist: Lasst's Saufen sein.
Es tut's auch mal ein Gläschen Wein
oder Schorle mit Wasser verdünnt,
denn Alkoholfreie sehr schmackhaft sind.

Schaukeln

Ich freue mich über Schaukeln schon.
Geht's mal bergab, was ist der Lohn?
Es geht wieder hoch, da kannst du dich freuen,
und brauchst dich vor niemandem zu scheuen.
Das Runter und Rauf macht unser Leben bunter
und dabei fühlt man sich gesunder.
Gesund sein und Lachen machen immer Wonne.
Da scheint jeden Tag unsere schöne Sonne.

Schicksalsschläge

Das Schicksal kann so grausam sein,
und es beklaut den einen noch daheim.
Sein schöner Schmuck war ruck, zuck weg,
nur Billigkram blieb noch am Fleck.
Woanders trifft's noch härter zu
und raubt durch Tod den Sohn im Nu.
Das Schicksal kann so grausam sein
und schlägt brutal ins Leben rein.
Solch Schläge kann man oft kaum glauben,
zumal sie uns auch Kräfte rauben.
Man ist betroffen und auch matt.
Erst Zeit, die bügelt manches glatt.

WK, 20.12.2017

Schlechtes Gewissen

Wenn man allein ist, muss man immer wieder nachdenken, was noch zu tun ist. Und darum muss man vieles tun. Das ist wie Arbeit.

Aber man ist auch manchmal ohne Arbeit und fängt an zu denken: Was habe ich und wie habe ich alles gemacht? Ein paar gute Sachen sind auch dabei. Wann immer unsere Gesprächspartner am Ende freundlich lächelten, war es sicher gut.

Aber es gab auch Situationen, da hat der Gesprächspartner nicht gelächelt, sondern uns mehr oder weniger verärgert verlassen. Was hat man da falsch gemacht? Warum hat man so entschieden?

Es gibt Situationen in meinem Leben, die kann ich nie vergessen. Da habe ich Schuld auf mich geladen. Ich denke mir zwar intelligente Ausreden für mein Handeln aus, aber das schlechte Gewissen ist damit nie zufrieden. Es kommt immer mal wieder hoch, und ich mache mir noch heute Vorwürfe.

Solche Massenmörder wie Hitler oder Putin hatten solche Gedanken anscheinend nie. Ich hab‘ sie aber und komme zu der Erkenntnis, dass es gut so ist, denn nur solche Gewissensbisse zwingen mich dazu, alles besser zu machen.

Fazit: Ein schlechtes Gewissen hilft, sich zu bessern. Ich hoffe das.

Schmerzen

Alle Krankheiten dieser Welt
heute Morgen mein Körper aushält.
So fühl' ich mich, mit Schmerzen in den Beinen,
da mag auch die Sonne noch so schön scheinen.

Mit Schmerzen geweckt ist großer Mist,
und man fragt sich, ob tot doch noch besser ist.
Doch meine Partnerin berichtet mir aus Krankenzeiten,
es gäbe Menschen, die müssten noch mehr leiden.

Und zeitweise, da leb‘ ich auch schmerzlos, hurra!
Prompt ist die Lebensfreude wieder da.
Drum verdau‘ ich die Zitronen des Lebens weiter
und lach‘, wenn's mir gut geht, immer heiter.

Schmerz und Leben

Ich habe Schmerzen, viel und oft,
und habe trotzdem immer auf Besserung gehofft.
In fünf Minuten ohne Schmerz zu sein
macht auch mein Leben immer noch fein.

Ich lebe gern und passe mich an.
Unser Leben bietet Neues für jedermann.
Ich bin gespannt, was jetzt noch alles kommt,
und sehe gern Neuland, interessiert und prompt.

Schöner Traum

Einst war ich müde, hatte aber immer noch Schmerzen. Mit Schmerzen lässt sich nicht gut einschlafen. Aber irgendwann ist es doch passiert. Als ich wieder munter wurde, herrschte schönes Wetter, und ich war schmerzfrei. Und wo war ich? Im Himmel, umgeben von lauter lieben Engeln mit zarten rosa Kleidern.

Ich war so was von überrascht, dass ich es fast nicht glauben wollte. Auch ich hatte zwei kräftige Flügel und im Raum hörte man, wie sie aufeinander rieben. Ich war offensichtlich auch gesund und fühlte mich kräftig und wohl dabei. Mit einem Mal sagte der Engel neben mir zu mir: „Komm mit."

„Ja, wohin denn?"

„Wir trösten traurige Menschen." Und in Nullkommanix schwebte er abwärts zu einem Hochhaus hin.

Und auch ich ließ mich aus der Wolke fallen, und meine kräftigen Flügel funktionierten fantastisch.

Wir hielten vor einem Fenster im 5. Stock. Ein alter Mann öffnete das Fenster, und wir flogen in sein Zimmer. Er hatte seine Familie bei einem Autounfall verloren und war sehr traurig.

Wir streichelten ihn und sagten: „Es kommen auch wieder schöne Tage für dich. Geh morgen im Wald spazieren und du wirst schöne Sachen erleben."

Dann flogen wir auf die Wolkenbank zurück. Das war schon komisch, ich habe nicht gefroren, aber hatte sehr gute Laune.

Mein Engel teilte mir mit, dass wir jetzt schlafen werden, wie die Menschen auch. Ich wurde auch müde und schlief neben ihm ein.

Ich wurde wieder munter, aber dieses Mal daheim. Die Flügel waren weg, und die Schmerzen wieder da. Aber sie waren nicht mehr so intensiv. Das hat bestimmt der Engel für mich getan.

Vielen Dank.

Schüttelfrost

Hattest du mal Schüttelfrost?
Da fällt aus allen Adern Dreck und Rost,
und Reden geht nur noch mit Schnattern.
Und Arm und Beine könn' nur rattern.

Das Zittern überfällt dich brutal,
und dein Leben ist 'ne Qual.
Und du vergisst dann alle Erben,
und du denkst kurz mal auch ans Sterben.

War ohne oder mit Tabletten
der arme Kerl Gottlob zu retten,
dann denkst beruhigt du nur „Danke“,
und das ausgiebig und ganz lange.

Sehen und Hören

Ich sehe und höre mittlerweile schlecht,
kann aber noch gut denken. Das freut mich und ist mir recht.
Das Input gestört, aber das Denken ist frei.
Interessante Ideen sind immer dabei.
Also schreib ich weiter mit Freude,
für wen auch immer, für mich und Leute.
Solang Leser schmunzeln oder sie lachen auch mal,
solang macht's mir Spaß und ist keine Qual.

Semestertreffen 2018 in Greifswald

Die Zeiten ändern sich, Ihr Lieben!
Wir sind nicht mehr so jung geblieben.
Früher umgab uns unser Dunst
mit Chemie, Philosophie und Kunst.

Doch heute hat uns die Praxis im Griff,
und wir kreuzen mit unserm Lebensschiff
öfter, als wir wollen, im Sumpf.
Und dabei geht‘s um unseren Rumpf.

Denn unsre Verdauung macht, was sie will.
Mal macht sie zu viel, mal steht sie still.
Ihr kennt das alle, mit Durchfall beginnt‘s.
Aus allen Ecken und Höhlen rinnt‘s.

Und irgendwann kommt gar nichts mehr.
Das ist nicht lustig, das plagt uns noch mehr.
Das Schließorgan macht oft, was es will,
es bleibt aktiv und hält nicht still.

Ich will nun deshalb Euer Helfer sein,
mit dem Deutschen Inkontinenz-Verein.
Alle Menschen, auch ihr auf Erden,
können darin Mitglied werden.

Das kostet nichts, das ist für Stumme,
für Kluge und auch richtig Dumme.
Sie schreiben mir, was sie erfahren,
und das noch in ihren alten Jahren.

Ich les' die Briefe mit Interesse,
auch über ganz furchtbare Prozesse.
Was machst du, wenn die Hose voll
Und sprudelt weiter noch wie toll?

Ich sag' euch, spannend ist das allemal,
Ein Katastrophen-Ritual.
Ich teile dann zehn Punkte mit,
und damit bleibt ein jeder fit.

Das rate ich in dem Traktat,
das ist für Euch jetzt auch mein Rat:
1. Wollt Ihr mal weg von diesem Fleck,
esst wenig oder nichts, da gibt's kein' Dreck.
2. Bier auf Wein, das lass sein,
sonst kommst Du in die Hölle rein.
3. Ist die Hose voll, das glaube mir,
helfen nur liebe Menschen dir.
4. Flötenkonzerte sind riskant,
die bringen die Blase um den Verstand.
5. Mit Fußball vor oder im Rasen,
Vorsicht! Mit dem Darm ist nicht zu spaßen.
6. Gehe nie alleine fort
und klär zuerst: Wo ist Abort?
7. Wo du auch bist, frag' nach dem Klo,
du brauchst es sicher sowieso.
8. Gegen Tupfer in der Hose
helfen Einlagen, und zwar große.
9. Geht alles schief, lass dich nicht erschüttern,
und lass dich einfach ab jetzt füttern.
10. Auf bequemen Klos kannst du genesen
und dabei ganze Romane lesen.

Und wenn alles gut geht, sag Danke und Amen,
in Gottes und in meinem Namen. Amen!

Sicher ist sicher

Gefahren sind zum Lernen da,
Walleri und wallera!
Du musst lernen, damit umzugehen
und sie sicher zu bestehen.

Hast du Gefahrumgang gelernt,
bist du nicht mehr der doofe Bernd.

Und lebst sicher immer da.
Walleri und wallera!

Sonnenschein

Der Sonnenschein tut gut und wohl,
doch scheint sie hell, frech und frivol,
da könnt‘ ich schreien, laut, jawohl!
„Jetzt reicht’s, ich bin fast blind!
Hör auf zu strahlen und geschwind!“
Und meistens hört sie und zieht weiter,
drauf leb‘ ich gut und wieder heiter.

Sprüche am Morgen

A
Auf dem Felde wächst alles, was soll und was nicht,
da sorgt die Natur für ihr Gleichgewicht.

B
Bringt die Post dir wieder was Gutes,
bin ich stets voller frohen Mutes.

C
Christus ist tot und lebt trotzdem weiter,
er macht viele glücklich, froh und heiter.

D
Da sein ist ein großes Geschenk.
Freu dich am Leben und schaff was und denk!

E
Eh, ich bin ja daheim, Traumschlussende!
Es ist schon acht, jetzt aber raus behände.

F
Freu dich des Lebens, denn du lebst noch immer,
doch es naht die Zeit, da lebst du nimmer.

G
Guten Morgen, liebe Sonne,
dich zu sehen, ist eine Wonne.

H
Hallo, Frau Nachbarin, habt gut geruht?
Heut' wird gearbeitet mit frohem Mut.

I
Ihr seid munter, doch ich will noch schlafen
und träume von der Bar unten im Hafen.

J
Je länger ich schlaf, desto munterer bin ich.
Hurra, ich bin da und bin ganz sinnlich.

K
Kartoffeln hin, Kartoffeln her:
Ich will jetzt keine Bratkartoffeln mehr!

L
Lieber langsam und gemütlich
als verstritten und nicht gütlich!

M
Minne, Menne, Maus und ich bin raus,
ich betrete den Garten und renn' wie 'ne Maus.

N
Niemals sollst du „niemals“ sagen,
lieber noch mal andere fragen.

O
Och, war der Weinbrand gestern gut;
da herrschte Stimmung und Übermut.

P
Pfff, das kann man alleine machen.
Für andere Nasen sind das keine Sachen.

Q
Das Qu geht mir nicht aus dem Sinn.
Was hat der nur gequasselt, so schlau mit Schnaps im Kinn.

R
Ricke racke, mit Gepacke;
der Bauch tut weh, ob ich ihn packe?

S
Schon wieder ist es früh am Morgen,
ich muss aufstehen – guten Morgen, ihr Sorgen!

T
Toll, es regnet. Da werden die Blumen sprießen,
und ich brauch' nicht im Garten gießen.

U
Unglaublich, die Nacht ist schon wieder vorbei!
Es geht wieder los mit dem täglichen Einerlei.

V
Viel Schlaf hilft Menschen, Tieren und Pflanzen auch,
allen zu helfen, ist ein besserer Brauch.

W
Wenn der Wecker klingelt, hörst du ohne Rohr nix.
Wichtige Termine vergisst du leider fix.

X
Xerxes saß am Ufer, und Lara sang nett:
„Es ist 9 Uhr, komm schnell aus dem Bett."

Y
Yak und Ypstan rennen um die Wette,
gewonnen hat ’ne unbekannte Anette.

Z
Zicke zacke, zicke zacke,
es ist kalt, ich brauch ’ne Jacke.

Ä
Äpfel hin und Äpfel her,
jetzt hab ich nix im Garten mehr!

Ö
Öffentlich steh’n viele auf,
doch mich bringt keiner so schnell raus.

Ü
Übermorgen soll schönes Wetter sein,
da geh ich wieder in den Garten rein.

Eu
Eurem Werner gefällts im warmen Bett,
er schließt die Augen und träumt dann nett.

Au
Au, au, au, es ist schon acht!
Der Chef fragt nun, was Kurze gerade macht?

Sprüche

„Neulich hat der Weihnachtsmann bei uns etwas Besonderes gemacht.“
„Und was war das?“
„Er hat in die Hosen gemacht.“

Lieber warm und fleißig als kalt und alt.

Von mir aus kannst du schimpfen so viel du willst,
aber ich will’s nicht hören.

Eins und eins sind nicht zwei, sondern elf.
Aber elf und elf sind trotzdem bloß zweiundzwanzig.
Über tausend kommen erst in der nächsten Klasse dran.

Wer nichts isst, wird leicht wie ein Vogel und kann aus der Schule nach Hause fliegen.

Wer nicht hört, verliert schnell das Fliegen.

Ich bin Boss in diesem Zimmer.
Ich bin in diesem Zimmer der größte Spinner.
Das Leben ist das größte Rätsel unseres Lebens.

Ich finde es lustig, dass der Mensch gesetzliche Grenzen
für den Gebrauch der Künstlichen Intelligenz errichtet,
und das tun wir gegen das Glanzlicht der Intelligenz.

Künstliche Intelligenz ist nicht künstlich.
Sie ist normale Realität.

Wo ist Jesus begraben?
Vielleicht findet man doch Reste seines Verbleibens.

Sprüche

Lieber jung und nicht alt.
Lieber warm und nicht kalt.

Ich halte still bei klugen Sachen
und will sie dann auch mal machen.

Eine Schifffahrt ist wunderschön,
bis zum Moment, wo sie untergehen.

Punkt, Punkt, Komma und ein Strich,
fertig ist das Mondgesicht.

Verdau deine Fehler und wiederhol‘ sie nicht!

Die Sonne scheint immer, sogar nachts, aber woanders.

Die Blumen blühen nicht, um den Menschen zu gefallen,
sondern nur, um den Nachwuchs zu sichern.

Der Igel ist ein Musterbeispiel für Sauberkeit.
Er lebt am Boden, im nassen Gras oder Laub und im Erdreich, aber wenn er durch die Wiese spaziert, ist er immer putzsauber.

Frauen wollen nicht nur schön sein,
sondern schön für alle Männer.
Es muss ihnen in allen fünf Gliedmaßen jucken,
und sie sollen zugreifen wollen.

Was meinen Sie, wie viel Zeit Sie wieder haben,
wenn Sie einen Tag lang nicht rauchen
und nicht ins Handy schauen?

Stadtbesuch

Heute mache ich in Würzburg einen interessanten Besuch.

Würzburg ist eine schöne alte Stadt mit 100 Ausflugsmöglichkeiten. Also habe ich gleich nach dem Frühstück meine Gummibandübungen gemacht und schaue mal aus dem Fenster. Oh je, grauer Himmel und Dauerregen. Da muss ich nochmal das Programm überdenken. Und bei dem Vergleich der positiven Seiten meines Stadtbesuchs mit den negativen Seiten – nasse Brille, nasse Kleidung, kalte Hände und nicht zu vergessen der Dreck auf den Straßen! Ob man mit Bus oder PKW fährt: Wenn du aussteigst, ist alles dreckig – Schuhe, Strümpfe, Hosenbeine, Geländer – alles!

Na, und nach einer kleinen Überlegungspause habe ich mutig den Plan geändert:

Ich fahre nicht in die Stadt. Heutiger Tagesbericht: Nichts.

Staub und Dreck

Der Dreck, der ist mir zuwider,
doch meistens kommt er immer wieder.
Selbst wenn ich schlaf', setzt er sich ab.
Ganz leise sinkt er heimlich herab.

Ich mach' zwar sauber, so gut, wie's geht,
aber gerade was im Wege steht,
das bleibt halt liegen, wenn man's nicht sieht.
Er wächst trotzdem im ganzen Gebiet.

Und wenn man nichts tut, da staunt man im Nu,
da deckt er ein ganzes Hünengrab zu.

Super Kran

Heut seh’ ich einen großen Kran,
mein lieber Jonny, mein lieber Mann.
Sowas Großes hab‘ ich noch nie geseh‘n,
ich konnt‘ mich nicht trennen und konnte nicht geh‘n.
Und alles war im Nu in seinem Schoß.
Einen halben Tag brauchte er nur
und ein neues Dach war in der Spur.
Alles ging ruhig und leise voran
und schwere Brocken kamen im 7. Stock an.
Mittags fuhr er schon wieder weg
und arbeitet sicher für’n anderen Zweck.
Ich war begeistert über diese Technik.
Ein Lob für die Technik und ihr Geschick!

Tauben

Ich bin ein Vogelliebhaber und habe im Garten fünf Stellen, die ich mit Vogelfutter versorge. Vielen Vögeln gefällt das, und ich muss alle paar Tage für Nachschub sorgen. Finken, Elstern, Raben, Meisen und auch Tauben kommen ständig zu Besuch. Die Tauben hatten noch einen Baum aufgesucht, um Beeren zu ernten. Der arme Busch war voll von vielen Tauben gleichzeitig bevölkert. Die dünnen Zweige haben die schweren Tauben ganz schön verbogen, aber sie haben's überlebt. Nun konnten aber die großen Tauben nicht ohne Weiteres an die Futterstellen heran, weil sie mehr für die kleineren Vögel gedacht waren. Wir konnten dann häufig ihre ausdauernde Geduld und den Erfindungsreichtum beobachten, wie sie doch noch ein paar Sonnenblumenkerne ergattern konnten. Ihr Wille lässt nicht so schnell nach, doch noch etwas Futter zu kassieren. Ab und zu bedanken sich die Tauben bei mir durch die freundliche Überlassung einer schönen Flügelfeder.

Tomabem

Ein neues Tier ist's, Tomabem.
Das ist so süß und so bequem.
Es sitzt ganz lieb auf Sofas rum
und beim Kraulen macht es den Rücken krumm.
Es hat ein Maul, groß wie ‚ne Pflaume,
und frisst ganze Nüsse wie im Traume.
Alle wollen mit ihm schmusen.
Es streckt sich zart an deinen Busen.
Doch ist es viel zu teuer im Markt.
Wenn du den Preis hörst, bekommst du'n Infarkt.
Tausend Euro kostet der Purzel.
Sein Fressen ist billig, es frisst gerne Wurzel.
Schade.

Unser Leben

Eins, zwei, drei, und unser Leben ist vorbei.
Mit Eins bist du jung, machst Lärm und Geschrei.
Mit Zwei bist du kräftig und hast einen Beruf,
der dir viel Freude durch Erfolge schuf.
Mit Drei bist du alt, ein Rentner und krank.
Ein paar Jahre lebst du noch, Gott sei Dank.
Und ‚ne Vier gibt‘s nicht in unserem Leben.
Es kann nur Erinnerung bei Freunden noch geben.

Unterschriften

„Hier müssen Sie noch unterschreiben!"
„Gern: O XXX."
„Was soll das denn sein?"
„Das ist meine Unterschrift:

O X X X.
Herr Achim Rosenschmalz."

„Bei der Unterschrift können Sie immer die Ausdrucksform frei wählen."
„Und wie unterschreibt Ihre Frau?"

„So: O X X X."
„Frau Amalie Rosenschmalz."

„Und hatten Sie nicht auch einen Bruder?"
„JA":

X X X †
Erwin Rosenschmalz, verstorben.

„Und mein Sohn Cuno unterschreibt so":

O X X X.
Doktor Cuno Rosenschmalz!

Urlaubszielsuche

Venedig, das wäre doch schön?
Da kann man immer Interessantes sehen.
Ach so, da waren wir schon einmal.
Na gut, dann eben neue Wahl!
Slowenien, da waren wir noch nicht.
Aber dort sind viele Leute mit Gicht,
und slowenisch könn' wir auch leider nicht.
Norwegen, das ist doch herrlich und fein,
und im Sommer wird's da nicht so heiß sein.
Norwegisch kenn' wir zwar kein Wort,
aber die Berge und Fjorde sind niemals fort.
Also, was meinst du, so sprich!
Du kochst gerade Mittag, wie immer meisterlich.
Na gut, das muss auch täglich sein.
Wir reden morgen drüber, okay?
Jetzt essen wir erst mal dein Buffet.

Vogelfutter im Schlaraffenland

Bei einem kleinen Spaziergang durch einen von übermäßig blühenden Büschen kam mir der Gedanke, wie wohl die Umgebung Ende März auf die Vögel wirken wird. Denn sie flogen lustig von Baum zu Busch und zurück, dass es eine reine Freude war, zuzusehen. Ich nutzte eine Bank, um mich auszuruhen, und stellte mir vor, dass ich auch ein Vogel wär. Was sehe ich? Das Schlaraffenland für Vogelfutter, denn alle Büsche und Bäume waren voll gut schmeckender Knospen. Jede schmeckt gut, aber jede ein bisschen anders. Und wenn ein kleiner Krabbelkäfer oder eine kleine Raupe sich auch zur Rinde wagen sollte, würde ich als Vogel nicht nein zur zusätzlichen Speiseerweiterung sagen. Die Millionen gut schmeckender Knospen werden sicher 100.000 Vögel saftig ernähren und genügend Kraft für den Nestbau liefern.

Vögel und Schweine

Der Kuckuck ruft: „Kuckuck, Kuckuck.“
Der Uhu ruft: „Uhu, Uhu.“
Da denkt das Schwein: „Das mach‘ ich auch!“
Und lacht sich ‘ne Falte in den Bauch.

Der Kuckuck protestiert und macht Radau:
Er stiehlt dem Schwein die ganze Schau.
„Du bist ein Schwein und dazu ‘ne Sau.“

VVdT Vegetarierverein der Tiere

Und das waren die letzten Worte beim Vortrag vom Vorsitzenden: „Alle Tiere müssen in unseren Verein, denn jedes Tier hat das Recht auf ein Leben!“

Meine Nachbarin fragte mich: „Wie findest du das mit diesem Verein?“

„Gut, Frau Wildschwein, gut. Ich kenne mich gut mit Körnern als Nahrung aus. Und wenn da mal eine tote Maus auf dem Acker liegt, die schmatze ich auch noch mit Genuss!“

„Halt, halt! Als Veggie darfst du das aber nicht mehr fressen!“

„So ein Quatsch! Was tot ist, ist tot. Das kann ich sehr wohl verspeisen. Der Paragraph muss noch geändert werden.“

Überhaupt müssen noch ein paar Probleme geklärt werden: Was können die Vögel und die Wildtiere fressen? Aber da soll eine Forschergruppe alles prüfen, was ein guter vegetarischer Ersatz ist, und das gilt auch für Löwen. Na gut, da ist noch viel zu tun. Aber die Bienen haben es auch geschafft. Ohne Fleiß kein Preis!

Warum

Warum gibt es keine Regierung, die den Krieg abschafft?
Warum werden so viele Menschen im Verkehr getötet?
Warum verhungern so viele Menschen?
Warum gibt es so viele Krankheiten, die wir nicht heilen können?
Sind wir zu dumm dafür, diese Probleme zu lösen?
Wir sind zu dumm dafür.
Wir müssen mehr dafür tun, alle und immer.
Nur 1% kann vielleicht einer Million Menschen das Leben retten.
Wenn nur 1% sich bessern, bringt schon was!
Wollen wir wirklich noch weiter warten?

Werner Kurze, Würzburg, d. 06.04.2018

Wärmepumpe

Das Gas fällt weg wegen einem großen Lumpen.
Wir brauchen deshalb Wärmepumpen.
Früher haben wir bloß an die Kälte gedacht.
Wir mussten lernen, dass die Maschine auch Wärme macht.
Jetzt lass‘n wir uns alle so Dinger bauen.
Und dann woll‘n wir mal schauen,
ob wir aus dem Warmen schauen.
Dreimal getafelt und fünfmal XZ.
Ich warte voll Hoffnung drauf und bleibe noch nett.

Wasser

Kommt heut‘ Regen oder kommt er nicht?
Für die Pflanzen hätt‘ er großes Gewicht.
Alle warten auf Regenwasser
und wünschen sich die Erde nasser.

So schön. wie die Sonne auch immer ist,
bei trockener Erde hilft uns keine List.
Den atmenden Pflanzen kostet Dürre ihr Leben,
und nur von schönen Worten könn‘ sie nicht leben.

Hier muss endlich Wasser her,
sonst leben das Korn und die Blumen nicht mehr.
Vielleicht müssen wir mehr Wasser verspritzen
und dürfen nicht länger in der Sonne rumsitzen?

Wassersporttrainerin

Die Elena macht unseren Sport
im Wasser mit Kranken immer fort.
Sie renkt sich rechts und auch nach links
und wir stehen im Wasser wie die Sphinx.
Wir rühren dann das Wasser um
bis es warm wird um die Beine rum.
Dann sind wir wirklich gut gewaschen
und können unsere Umwelt überraschen.

Weihnachtsgeschichte

„Es weihnachtet wieder überall!“ – So tönt es aus dem Fernseher und in allen Läden und Kaufhäusern. Ich kann es schon fast nicht mehr hören. Alle Menschen werden gebeten, der lieben Familie etwas Schönes zu schenken. Kein Mensch, aber fast kein Mensch, denkt an die Geburt Jesu. Alles ist verkommen zu einem allgemeinen Geschenkdatum. Wem nichts Gutes zum Schenken einfällt, dann tut's ein 50-Euro-Schein auch, oder noch weniger geistvoll ist eine Flasche roter Bocksbeutel der 100 Weine, die der Markt anbietet.

Von 3 Euro bis 10 Euro kann man alles haben, und der Alkoholgehalt im Wein lässt die Zahl der Alkoholiker noch ein bisschen steigen. Das ist alles Geschäftemacherei, die nur die Verkäufer ein bisschen reicher macht, weiter nichts!

Mit solchen Gedanken saß ich am Tisch und verstand in diesem Punkt die meisten Menschen nicht. Dabei lief das Radio mit vorweihnachtlicher Musik. Und dann kam ein Moment, dessen Folgen ich nicht geahnt habe. Da lief ganz leise „Stille Nacht, heilige Nacht“ und ich wurde, ob ich wollte oder nicht, an meine eigene Jugend erinnert.

Mein Vater war gerade aus der Gefangenschaft des Weltkrieges 1946 entlassen und war wieder daheim bei uns. Er hatte, als ich noch kleiner war, auch mal den Weihnachtsmann gespielt. Ich hatte danach meine Mutter gefragt, ob der Weihnachtsmann auch verheiratet sei. Er trug wie Vater auch einen Ring am Finger. Und als ich mit meinen Gedanken die Vergangenheit stückweise noch einmal erlebte, passierte etwas, was ich so auch noch nicht erlebt hatte.

Der winzig kleine Nerv an meiner Tränendrüse drückte die kleine Drüse an den Augen, und sie erzeugte Tränen der Rührung. Und diese Tränen stießen in meinem Gehirn eine kleine Kammer auf, die ich noch nie vorher im Kopf hatte. Die

Erinnerung an alte Zeiten war doch noch nicht ganz verschwunden. Die Erinnerung ist es wert, dass man sie von Zeit zu Zeit immer mal öffnet. Diese Erinnerung war wunderschön. Und das hat nicht nur mir ein Stück Leben zurückgegeben. Es wird sicher anderen auch so gehen. Ab jetzt freue ich mich auf Weihnachten.

Wein-Song

Im Keller ist noch Wein
Der will getrunken sein.
Er lacht aus dem Fass heraus
und erfreut das ganze Haus.

Ein Glas guter Wein macht mild
und kein Mann ist mehr wild.
Er hebt die Seele hoch
und stärkt das Bewusstsein noch.

Drum trinkt ihr Freunde vom Glas!
Es lebe der Wein und der Spaß.
Bis z1un nächsten Wiedersehen
ist unsere Welt noch schön.

Weltall

Der Blick ins Weltall geht weit in die Ferne,
bis ganz weit hinten an die Sterne.

Da ist damals unsere Erde entstanden,
und wir? Wir waren noch lang nicht vorhanden.

Wer hat ein so großes System gemacht?
Wer hat das Ganze bloß erdacht?

Für uns Menschen ist's am einfachsten zu glauben:
Das hat Gott gemacht. Das lass ich mir nicht rauben.

Weltvegetariertag, 1.10.2009

Man muss es beklagen und beschreiben,
dass Menschen sich so viele Tiere einverleiben.
Ich finde das furchtbar. Auch Tiere wollen leben,
und keines will freiwillig sein Leben aufgeben.

Im Lebensdurchschnitt isst der Deutsche alleine
vier Kühe, vier Schafe und 46 Schweine.
Noch 95 Gänse, Enten und Puter.
Fast tausend Hühner isst noch jeder Bruder;
viele Fische und Krebse, ob Mann oder Frau,
ob Aale und Karpfen oder Kabeljau.

Millionen Tiere verlieren so ihr Leben.
Wird uns das eigentlich jemals vergeben?

Wem dient mein Leben?

Als Rentner und Witwer frage ich mich, wem dient eigentlich mein heutiges Leben? Da ist zuallererst der Staat, der akkurat meine Steuern kassiert. Und noch wichtiger ist meine Lebenskameradin, weil sie mich liebt. Das Gleiche gilt für meine Familie.

Aber es sind noch viele Unternehmen, die auch an mir verdienen. Ich esse Lebensmittel, brauche Strom und Wasser, die Müllabfuhr, diverse Verwaltungen, die über mich ihre Bücher und Tabellen füllen. Ohne die Rentner wären die Hälfte arbeitslos. Der Rundfunk und das Fernsehen kassieren auch mein Geld, um weiter zu produzieren. Die Benzinhersteller verkaufen mir ihren Treibstoff und die Autowerkstatt lebt von Reparaturen. Und dann haben viele wie ich Hobbys, für die wir alle kräftig bezahlen. Ohne Rentner würden sie wohl alle Konkurs anmelden. Und die Straßen- und Brückenbauer brauchen gleich Millionen Euro, wenn sie arbeiten.

Fazit vom Ganzen: Mein Einkommen dient der ganzen Menschheit zum Leben. Das heißt: Ich lebe nicht nur für mich, sondern für ganz viele Menschen und deren Unterhalt. Ja, wenn das so ist, dann lebe ich weiter, bis ich 100 Jahre alt bin. Und eine große Gruppe habe ich noch vergessen: die Ärzte. Wenn man alt wird, nehmen in der Regel die Krankheiten zu. Und heute braucht man im Gegensatz zu früher für alle Krankheiten getrennte Ärzte. Ich habe neben dem unentbehrlichen Hausarzt noch einen für die Augen, die Ohren, die Chirurgen, die Neurologen, die Radiologen, die Magnetfeldärzte und noch weitere. Dazu kommen Krankenschwestern, Pfleger, Pharmazeuten und nicht zuletzt auch die Chemiker. Mein früherer Arbeitgeber hat unter meiner Leitung sogar Pharmavorprodukte hergestellt.

Wer bezahlt das alles? Natürlich ich, in Euro und Pfennig. Aber es bleibt noch ein Euro übrig, und der wird zur Limo gemacht, denn Alkohol trinke ich schon lange nicht mehr. Nicht weil er mir nicht schmeckt, sondern weil ich noch hundert Jahre werden will.

Wille

Unser Wille ist schon ein erstaunliches Phänomen. Ich habe neulich einen großen Vogel beobachtet, der lange Zeit ausgiebig an einem Baumgipfel beschäftigt war. Ich nehme an, dass er ein Nest bauen wollte. Es gab aber nur einen senkrechten Ast, an dem er festgeklammert war und sehr aktiv am Klopfen und Beißen. Ich habe ihn lange beobachtet und schätze, dass seine Arbeit anstrengend war. Aber sein Wille zwang ihn dazu, immer weiter zu basteln.

Und so ist es sicher auch bei uns Menschen. Wer etwas will, lässt nicht locker. Er strengt sich an, auf verschiedenen Wegen zu dem vorgestellten Ziel zu kommen. Der erbrachte Fleiß ist keine Mühe. Es ist uns eine Freude, unseren Willen zu erfüllen. Das darf ruhig anstrengend sein. Es ist eine schöne Arbeit, bei der Zeit und Mühe leicht vergessen werden.

Ich wünsche mir, dass die Menschheit viel Gutes für alle Menschen will. Dann wird die Erreichung des Ziels uns Freude bereiten. Nur gemeinsames Glück dient uns allen.

Wolken

Die Wolken ziehen über Berge hin,
wie gesteuert von einem hohen Sinn.
Mal werden sie dunkel und bedrohlich gar,
wie eine drohende Riesenschar.

Und da, wo sie am dunkelsten sind,
fallen viele Tropfen in kalten Wind.
Es donnert und blitzt mit Getöse und Spektakel.
Man glaubt, die Erde sei dies‘ Debakel.

Doch nein, schon oft nach einer Stund‘,
scheint wieder die Sonne am Waldesgrund.
Alles vorbei, die Angst ist beendet.
Die Natur hat sich zum Wohl der Menschheit gewendet.

Wolken ziehen

Die Luft ist warm und auch sehr schwül,
doch abends wird es etwas kühl.
Es zieh'n ohne Ziel und ohne Sinn
die Wolken endlos drüber hin.

Sie entstehen quasi aus dem Nichts,
aus Luft und Wasser von geringem Gewicht.
Sie sind mal locker oder gewaltig drin.
Die Wolken ziehen drüber hin.

Und wenn sie wollen, platzt der Kragen,
und man kann nicht vor Wasser sich nach draußen wagen.
Aber das Wasser hat doch einen Sinn!
Die Wolken ziehen weiter drüber hin.

Wundheilung

Neulich hatte ich eine kleine Hautwunde, die mit den bei uns vorhandenen Medikamenten nicht heilen wollte. Also suchte ich einen Hautarzt auf. Seine sehr kurz angebundene Empfangsdame war nicht freundlich. Sie erhielt für kurze Zeit meine Gesundheitskarte, und dann durfte ich im Wartezimmer Platz nehmen. Der Arzt war freundlich und sachlich. Er schaute sich die Wunde an und nahm zwei Proben. Er glaubte, dass es sich um eine bakterielle Infektion handeln dürfte. Alles Weitere könne telefonisch erfolgen. Ich beschaffte mir das von ihm verordnete Medikament in der nahen Apotheke und benutzte nun diese Salbe. Ich weiß bis heute nicht, wie er das Rezept auf meine Gesundheitskarte gebracht hat, denn er hat sie nicht nochmal von mir verlangt. Aber die Apotheke hat seine Empfehlung daraus auslesen können.

Zuerst verschwand durch die Salbe der Juckreiz der infizierten Stelle. Dann bildete sich ein Grind. Nun war ich gespannt, ob die Wunde besiegt war oder nicht. Nach einem Tag Wartezeit war das kleine Wunder geschehen: Die Wunde war geheilt. Mein Lob gilt dem Hautarzt, der mit einem Blick das Richtige vermutete.

Würzburg

Würzburg? Würzburg ist deine Wahl?
Würzburg ist die Graue Stadt im Tal.
Du siehst hier riesige Mauern und Winde,
Schlösser in Grau ohne Ende.
Doch die Menschen hier sind alle neu,
mal derb, mal lieb, aber auch mal kokett.
Sie haben alle was vor zum Bauen
und nicht bloß nach anderen Pannen schauen.
Ich bin gerne hier nach freier Wahl,
und Würzburg ist ‚ne schöne Stadt im Tal.

Zum 35-jährigen TSA-Jubiläum

Vor 35 Jahren! –
Das ist ein Leben lang,
fing hier in Neuhofen
der Club zu tanzen an.

Getrosts und Kurzes, diese vier,
kamen auf die Idee am Ort hier.
Aus der Idee wurde die Tat,
doch wir brauchten noch oft guten Rat.

Immer dabei bei jeder Sach‘
war über Jahre die Familie Zach.
Ob Hans-Jürgen oder Monika,
oder die Töchter, einer war da.

Guten Tanz und Freude haben wir erstrebt,
und unendlich viel Spaß haben wir erlebt.
Prüfungen, Turniere und hundertmal Freude
verschönten das Leben unserer Leute.

Wir Alten winken beseelt zu den Jungen.
So wie ihr haben wir einst auch gerungen.
Und am Ende sah‘s ganz manierlich aus.
Und auch wir gingen danach glücklich nach Haus.

Ich Alter wünsche euch Jungen allen,
euch soll noch lange das Tanzen gefallen.
Ich baue darauf auch heute und ferner
und bleib‘ Euer Dichter und Gruftie Werner.

Zurück im Hallenbad

Hurra, hurra, ich bin wieder da!
Ich bin nicht mehr fern, ich bin wieder nah.
Ich freue mich, bei euch zu sein.
Ich hatte halt mal wieder Schwein.
Ich freue mich zum gemeinsamen Plantschen.
Jetzt könn‘ wir wieder zusammen mantschen.

Zwölf

Die Zahl zwölf ist heilig. Das kann man in schlauen Büchern nachlesen. Das haben vor Jahren uns die Lehrer in der Schule beigebracht. Der Tag hat 12 Stunden und das Jahr 12 Monate. Fertig, daran gibt‘s nichts zu wackeln. Ja, der Tag ist nicht 12 Stunden lang, sondern 24 Stunden, aber da versteckt sich auch die 12 drin. So ungefähr zweimal ist sie in 24 enthalten. Und später kamen die Tüpfelscheißer mit dem Dezimalsystem. Alles sollte sich der 10 unterordnen. Aber wenn wir den Kreis für eine Uhr aufmalen, dann sieht man, dass der Kreis 12 Ecken hat, wo die 12 reinpasst. Nicht die 10! Und das Jahr hat 12 Monate. Aber da stimmt auch vieles nicht, denn die Monate sind keineswegs alle gleich lang. Mal unter 30, mal über 30, und ein paar haben genau 30 Tage. Das ist doch schönes Durcheinander.

Vielleicht kommt mal ein berühmter Heiliger und macht das besser passend. Entweder haben dann alle Monate 30 Tage und der Rest ist ein Ergänzungsmonat. Aber noch klarer wäre es, wenn alle Monate 30 Tage lang wären und das Jahr 360 Tage hätte. Wenn dann noch ein Rest bleibt, wird er den Menschen als Feiertag geschenkt.

Auf jeden Fall bleibt die 12 heilig, und daran wird zurzeit nicht gedreht. Aber man muss zugeben, dass mit dem Dezimalsystem und 10 Monaten im Jahr wäre auch nicht schlecht!

Nachwort

Dieses Mal habe ich mich für ein Nachwort entschieden. Als 89-Jähriger macht man sich allerlei Gedanken, auch über sich selbst. Wir vergessen in unserem Leben vieles, auch ohne Demenz zu haben, aber mit dem heutigen Gehirn erlaube ich mir dennoch, folgende Feststellung zu machen.
Es ist zwar richtig, dass ein alter Mensch vieles vergessen hat, aber das fundamental Wichtige am Alter ist, dass unser aktuelles Wissen durch die Jahre x-mal nach verschiedenen Richtungen geprüft wurde. Dieses vorhandene Wissen erlangt einen Qualitätszuwachs, d. h., x-mal geprüftes Wissen ist wertvoller als spontanes und nicht oft durchdachtes Wissen.

Insofern behaupte ich, dass alle Menschen, die keinen Hirnschaden haben, die beste und ausgewogenste Meinung über alles haben.

Deshalb halte ich z. B. vom Überspringen der Zahl 13 in Hotels gar nichts. Und deshalb heißt dieses Buch „K13 – Mischung aus GGG“ (Gedichten, Gedanken und Geschichten).

Die Natur und Gott haben mir anscheinend die Chance für ein weiteres Leben gegeben. Dafür bedanke ich mich, denn ich finde das Leben nach wie vor hochinteressant, insbesondere wenn es neue Dinge gibt, bei denen man nicht immer alles auf Anhieb versteht. Es gibt viele neue Erfindungen, die mich als ehemaligen Forscher neugierig machen, wie das wohl geht?

Daraus kann man leicht verstehen, dass ich mit Hochachtung kluge Handlungen gerne miterlebe. Solange es mir gut geht, werde ich weiterschreiben, was mir gefällt. Und ich hoffe, dass meine Sammlung von Gedichten, Gedanken und Geschichten ein paar Menschen Freude beim Lesen macht.

Mein großer Dank geht an meine liebe, mittlerweile jahrelange Lebensgefährtin Ilse Witte, die meine nicht immer gut zu lesenden Manuskripte mit dem Computer in eine lesbare Form gebracht hat.

erfeier.
selbst.
mpfahlen

Dank der Ilse liegt‘s Buch vor,
und wir schließen dieses Tor.

Der Teil ist fertig mit Humor,
doch Ernsthaftes gab‘s ebenso zuvor.

Mal war es ruhig wie beim Pastor,
doch Frohsinn war auch oft ein Faktor.

Ich lese gern, doch schlecht mir vor,
nur mit Hightech an jedem Ohr.

Ich dank‘ der Welt für den Komfort,
doch immer wieder Ilse noch zuvor.